La quiromancia

R. DOLFINI

La quiromancia

EDICIONES OBELISCO

Si este libro le ha interesado y desea que le mantengamos informado
de nuestras publicaciones, escríbanos indicándonos qué temas son de su interés
(Astrología, Autoayuda, Psicología, Artes Marciales, Naturismo,
Espiritualidad, Tradición…) y gustosamente le complaceremos.

Puede consultar nuestro catálogo en www.edicionesobelisco.com

*Los editores no han comprobado la eficacia ni el resultado de las recetas,
productos, fórmulas técnicas, ejercicios o similares contenidos en este libro.
Instan a los lectores a consultar al médico o especialista de la salud ante
cualquier duda que surja. No asumen, por lo tanto, responsabilidad alguna
en cuanto a su utilización ni realizan asesoramiento al respecto.*

Colección Cartomancia y Tarot
La quiromancia
R. Dolfini

Título original: *Chiromanzia*

1.ª edición: marzo de 2022

Traducción: *Juli Peradejordi*
Maquetación: *Juan Bejarano*
Corrección: *M.ª Ángeles Olivera*
Diseño de cubierta: *TsEdi, Teleservicios Editoriales, S. L.*

© 2022, Ediciones Obelisco, S. L.
(Reservados los derechos para la presente edición)

Edita: Ediciones Obelisco, S. L.
Collita, 23-25. Pol. Ind. Molí de la Bastida
08191 Rubí - Barcelona - España
Tel. 93 309 85 25
E-mail: info@edicionesobelisco.com

ISBN: 978-84-9111-819-0
Depósito Legal: B-562-2022

Impreso en los talleres gráficos de Romanyà/Valls S. A.
Verdaguer, 1 - 08786 Capellades - Barcelona

Printed in Spain

PREFACIO

La mayor maravilla que podemos observar en nuestro yo físico es la mano inteligente, obediente, flexible, cambiante; capaz de ofrecer, tomar, rechazar, amenazar, bendecir y reprender. Ha sido descrita por los antiguos como «maravillosa y perfecta».

Sin la mano, nuestros propios cerebros no habrían podido concebir y poner en práctica los inventos y descubrimientos que nos han llevado desde las cuevas en las que nació el hombre, débil y desnudo, hasta el rascacielos, la radio y el avión.

La bestia, que corre por el bosque en pos del alimento vivo, que huye despavorida ante nosotros, es infinitamente más fuerte que nosotros. Tiene unos poderosos colmillos con los que tritura los huesos de las presas que ha matado de un solo mordisco; tiene cuatro patas que le dan un equilibrio mucho más estable que el que pueden proporcionar nuestras dos piernas, y unos poderosos músculos que le permiten correr muy rápido. Pero nuestras manos pueden detener la impetuosa carrera de la bestia y dejarla inerte a nuestros pies, siempre que estén armadas de un fusil.

Sin la mano, no habríamos podido tejer la tela para cubrir nuestra desnudez, ni hacer los cómodos colchones para sustituir la piedra, ni encender el fuego para cocinar la carne.

La inteligencia humana es la manifestación espiritual de la superioridad del hombre sobre las bestias; la mano es la manifestación física, precisa e inmediata.

Estéticamente, la mano es también la parte más bella de nuestro cuerpo. Una mano bonita puede compensar la falta de una cara atractiva; puede ser un indicio de una personalidad; puede revelar incluso al profano, a primera vista, las ocupaciones, las tendencias y el comportamiento de un individuo.

Una mano que acaricia con suavidad es más dulce que una boca que besa. Con la mano se puede cambiar la angustia incluso permaneciendo en silencio; con la mano se ordena y con la mano se concede.

Por lo tanto, era natural que el hombre dirigiera su atención hacia este miembro tan importante, el elevado alto de todos, como lo llamó Aristóteles, *Organus organorum*.

Desde la antigüedad, por lo tanto, el hombre ha estudiado la mano, las líneas que la cortan y la cruzan, su forma, su color y su «expresión».

Los astrólogos querían encontrar la conexión entre los astros y las líneas de la mano para deducir el destino humano, pero más allá de la oscuridad y la superstición de la Edad Media, el estudio de la mano se convirtió en un asunto más serio y, manteniendo los nombres astrológicos que les daban los antiguos a sus diferentes partes, el estudio quiromántico, seleccionó y catalogó a miles de individuos para llegar a establecer datos fiables de dependencia entre estas partes de la mano y el carácter, predisposiciones y, finalmente, el futuro de los individuos sometidos a tales investigaciones.

La quiromancia moderna está decidida a convertirse en una ciencia, al igual que la emparentada grafología; y ya no tiene nada que ver y no quiere que se le confunda con la astrología, un arte empírico que repudió hace tiempo y con el que muchos, aún hoy, quieren confundirla.

Intentaremos, en este pequeño libro, proporcionar, aunque sea de manera breve, una visión completa de los resultados obtenidos por la quiromancia moderna, que ha sido capaz de hacer predicciones que, cuando se han cumplido, parecen milagrosas. ¿Acaso no se le predijo a Napoleón, cuando todavía era un teniente desconocido, que no podía pagar las facturas a su lavandera (la «Madame Sans Gêne», que no dejó de recordárselo cuando estaba en la cumbre de su poder), la grandeza del destino imperial que le esperaba? Y, para llegar a la actualidad, ¿no se le predijo a sir Seagrave, sobre la base de una pequeña línea que le cortaba limpiamente la línea de la vida, dos horas después del último de sus vertiginosos paseos en su bólido rojo, que encontraría la muerte allí? Sir Seagrave ya era famoso precisamente por sus fantásticas y atrevidas carreras. No quería tentar a la suerte o no creía en ella. La pequeña línea corta detectada por el quiromante no desmiente su funesto presagio.

Y, ahora, estudiemos este maravilloso instrumento.

PRIMERA PARTE

LA FORMA
DE LA MANO

¡Se han distinguido siete tipos particulares de manos, cada uno de los cuales con sus propios subtipos! Tanto es así que algunos han llegado a contar hasta ciento cincuenta.

Sin entrar en tales sutilezas, que casi diríamos que son exageradas, aquí facilitaremos las características de los siete tipos fundamentales, en las que ya podemos basar con certeza el juicio sobre la personalidad del poseedor.

LA MANO PRIMITIVA

La mano primitiva tiene una palma ancha, demasiado ancha; más ancha que larga. Es dura, poco elástica y tiene movimientos lentos. Los dedos son grandes y tienen el mismo tamaño en la base y en el extremo, sin nudos ni hendiduras de ningún tipo, como piezas de madera a las que se les ha dado una forma cilíndrica.

Son las manos del plebeyo, de aquel que, más que por el razonamiento, actúa por el instinto. Son las manos del hombre condenado a los más viles oficios manuales, no por su humilde nacimiento, sino por su propia incapacidad para elevarse y sentir otra pasión que no sea la mesa, el dinero y las mujeres.

LA MANO CUADRADA

La llamada mano «cuadrada» es de tamaño medio y tiene las uñas más cortas que la mitad de la última falange, aquella en la que se inserta la uña. La palma es cuadrada y cada falange de los dedos es tan larga como ancha: por lo tanto, cuadrada.

Estas manos pertenecen al trabajador ordenado, metódico y celoso. El hombre que las posee no tiene grandes aspiraciones. La mediocridad es su elemento; se siente cómodo en él y no sabría ni querría dejarlo.

Se inclina por las ciencias exactas y por todo lo concreto; no tiene imaginación y, en consecuencia, el arte le deja indiferente.

Es bueno en la industria y el comercio, que son sus elementos.

Es un amigo leal en el que se puede confiar, no tiene entusiasmos y distingue bien entre «mí» y «tú».

En los negocios es honesto. No concibe ese artilugio que tiene tanto honor hoy en día y que recibe el nombre de letra de cambio, y si se ve obligado a recurrir a ella, no sucumbe a la pesadilla de haber puesto su firma en uno de esos rectángulos de papel.

Es un buen marido, aunque un poco pedante, y un buen padre de familia.

Si los dedos de su mano son más largos que la palma, la inteligencia de este hombre es más rica y variada; tendrá éxito en las matemáticas y la ingeniería, pero los vuelos demasiado atrevidos nunca serán para él.

En general, la existencia del hombre es serena, sin grandes emociones y sin grandes dolores.

LA MANO DEL FILÓSOFO

La disposición para la investigación, la crítica y la ciencia, así como la capacidad para una lógica recta y sutil, se revelan en la mano, dotada de una palma ancha pero flexible, y de unos dedos ágiles pero bastante nudosos.

La terminación de los dedos tiende a una forma ovalada, y el pulgar tiene dos falanges de idéntica longitud.

El hombre que posee estas manos es generalmente frío, lógico, razonador, sobre todo si el pulgar es muy ancho, mientras que, si es pulgar es más fino, en su vida da paso y discurso a los sentimientos más tiernos.

Esta mano no es una prerrogativa de las clases sociales más ricas. También se ha encontrado en trabajadores humildes, y la historia registra el caso (muy raro, sin embargo) de hombres de nacimiento humilde que han alcanzado gran fama por su genio; y tenían manos similares.

Sin embargo, lo más frecuente es que el humilde individuo dotado de estas manos no tenga las suficientes alas para elevarse, y el desequilibrio resultante de su condición social y de su capacidad intelectual, que en cualquier caso es considerable, le conduzca hacia formas de megalomanía, comprensibles, si no simpáticas.

FORMA DE ESPÁTULA

Este tipo de mano es bastante común, y si buscas entre tus conocidos, encontrarás a muchos que tienen estas manos.

Recuerda en cierto sentido a la forma de una pala, más ancha en la base que en la raíz de los dedos, que son nudosos en la primera falange, estrechos hacia la segunda y extendidos, en forma de espátula, en la parte superior, de modo que las uñas, por muy anchas que sean, están ya en el centro.

Hemos dicho que la palma de esta mano es más ancha en la base que en la parte superior, pero si, conservando todas las demás características, es más ancha en la raíz de los dedos, entonces el hombre que la posee puede emprender con seguridad cualquier negocio, seguro de que su buen sentido innato y su habilidad lo llevarán adelante.

El poseedor de este tipo de mano es, de hecho, un empresario muy hábil, un trabajador incansable, prudente y calculador. Los viajeros, los aviadores y los navegantes han tenido y tienen estas manos.

Lejos de las artes, no las entienden y a menudo las desprecian. Si adquieren una cultura artística, se basa en las opiniones de otros y nunca tendrán ideas propias al respecto. Son demasiado positivos y prácticos para entender lo que no es fáctico y concreto. La belleza que no es útil no les interesa.

Son trabajadores tenaces, casi obstinados.

Si las características de este tipo de mano son muy pronunciadas, su poseedor también es gruñón y solitario.

LA MANO MÍSTICA

Los santos, los soñadores, los idealistas, los escritores brillantes y los místicos tenían manos «místicas».

La mano mística, también en el hombre, es más bien pequeña y de apariencia delicada.

La palma es más larga que ancha, por supuesto, pero también es más larga de lo normal. Los dedos no tienen nudos, sino que parten suavemente de su raíz y, haciéndose cada vez más finos hacia la punta, terminan en un suave óvalo. La uña, ovalada, es un poco más larga que la mitad de la última falange.

Estas manos son hermosas de ver; son finas y suaves. No son en absoluto características de las personas aristocráticas que han pasado por una selección de razas de siglos; tanto es así que se pueden encontrar incluso en el pueblo y hasta en los hijos de los campesinos (a los que sólo se les arruinarán después, en el trabajo duro y pesado).

Pertenecen a gente para la que soñar es el pan de cada día; gente que rechaza instintivamente todo lo que huela a mediocre, a ordenado, a suave; la regla es odiada por estas personas.

Los individuos con estas manos también están dotados de un fino y penetrante sentido de la intuición. No les gusta el razonamiento riguroso, sino que, por intuición, llegan al conocimiento de las verdades a las que otros llegan por la lógica.

Detestan las discusiones, y son tranquilos y sociables, pues incluso en medio del mundo viven en un mundo propio.

Son hipersensibles, y casi siempre tienen, por así decirlo, los nervios «a flor de piel». Suelen creer en lo sobrenatural, o al menos aspiran a ello; son curiosos investigadores de lo irreal y a menudo consiguen ser muy buenos médiums.

Como es evidente, este tipo de individuo casi nunca tiene éxito en la vida práctica, que, a menudo, de hecho, le abruma. Pero no le importa demasiado, ya que en su imagen encuentra una compensación suficiente para las decepciones de la vida cotidiana.

La forma artística

La definida como artística, más que por la palma, que tiene las características comunes de las otras manos, difiere en la forma de los dedos y, en particular, la del pulgar.

Algunos dividen este tipo de mano en tres «subtipos», el primero de los cuales tiene una palma grande y no demasiado flexible.

El poseedor de este subtipo no carece de genio, pero, incapaz de disciplinarse a sí mismo, apenas tiene éxito en las artes o en los negocios. Es demasiado inconstante y es, además, un entusiasta. Todo lo nuevo le atrae, y lo que fue nuevo hoy no lo será mañana: de ahí la incapacidad de aplicarse al estudio serio y duro, que es el único que puede asegurar el éxito incluso en el arte, que está constituido, por supuesto, de impulso e intuición, pero también de disciplina.

Este tipo, en cambio, no tolera la disciplina. Y así como es en las manifestaciones externas también lo es en los sentimientos. Capaz de enamorarse, o de creerse sinceramente enamorado, se desprende entonces con facilidad y sin excesivo arrepentimiento de la criatura o cosa que ayer amaba. En este sentido, tanto el hombre como la mujer dotados de tales manos serán fácilmente infieles. No porque su espíritu carezca de profundidad, sino porque le falta continuidad.

Como ocurre con todos los entusiastas, esta categoría de personas es en gran medida influenciable, tanto por su entorno como por otros individuos. Siendo, como se ha dicho, inconstantes, caen bajo la influencia de la última persona o impresión que ha actuado sobre su imaginación. La influencia ejercida sobre ellos es, por tanto, como todo lo demás, inestable y transitoria. Brillantes, son un volcán de ideas, tan cambiantes como la forma de las nubes en un cielo de verano.

Es natural, dado todo esto, que también su estado de ánimo oscile con facilidad. Están tan dispuestos al desánimo como al optimismo. A veces son gruñones y, en ocasiones, incluso ruidosos.

Se entregan de buen grado a la pereza, resuelven con dificultad la aplicación y el trabajo, y son sobre todo sensuales.

La «mano artística», con una palma pequeña y muy elástica y un pulgar pequeño, pertenece por derecho a la categoría «artística», y es el auténtico representante de esta forma de mano.

Su propietario ve y saborea la belleza en su esencia espiritual y sabe plasmarla en sus obras. Conoce el tormento de la creación, lo afronta y lo supera, aunque cueste esfuerzo, sacrificio, estudio y aplicación.

La mano artística con el pulgar grande comparte las prerrogativas de este segundo tipo, pero en menor medida. Su poseedor puede no ser un artista, sino un hombre de negocios, y tendrá éxito igualmente en los negocios o en cualquier otra empresa porque es ambicioso. Y la ambición es el resorte más poderoso que impulsa a un hombre hacia su meta.

Diversas formas

Por último, existe un tipo de mano que comparte algunas de las características de los otros tipos descritos con anterioridad.

No se puede clasificar como tal, ya que no tiene un carácter definido. Posee, indistintamente, un dedo «espátula» y otro cónico, y, a veces, uno cuadrado.

Es la mano característica del aficionado en algunas o todas las artes y ciencias.

El poseedor de esta mano sabe tocar el violín y el piano, e incluso ha intentado componer en secreto algunas piezas; puede retratar el perfil de una persona con unos pocos trazos de lápiz, compuso poemas cuando se enamoró de adolescente y todavía hace poemas con motivo de bodas o bautizos. Es un crítico bastante competente de las últimas esculturas aparecidas en la Trienal de Milán y de las pinturas expuestas en la Bienal de Venecia; probablemente podría hacerlo mejor que algunos de esos escultores y pintores. Ha publicado algunos sonetos y *sketches* en revistas ilustradas; además, cuando era universitario, es posible que dirigiera un periódico estudiantil.

Se graduó en ingeniería, pero eso no le basta: ahora estudia arquitectura y también le interesa la química.

Tiene un intelecto variado, como podemos ver, pero no profundo. Es indudablemente simpático, sobre todo porque no es engreído. Pero le será muy útil tener unos ingresos respetables, porque su actividad polifacética no lo conducirá a ningún puerto. Demasiadas y muy diversas iniciativas le tientan y ocupan.

Sólo hay un caso en el que este hombre tendrá éxito en cualquier arte o profesión, y es cuando la línea de su cabeza en la palma de su mano es clara, marcada y larga. Es una señal de que al menos una de sus actividades gozará de su favor y en ella tendrá éxito.

LA MANO
EN SU CONJUNTO

Se intuye que, al igual que los rasgos del rostro se han refinado a lo largo de siglos de civilización y pensamiento, también las manos, muy expresivas, se refinan y depuran.

Si observamos las manos de los negros y ascendemos desde los pueblos menos avanzados hasta los más civilizados, veremos a primera vista lo duras, leñosas y grandes que son las manos de los primeros: manos brutales pensadas para golpear, para ofender y para defender, hasta el punto de que sus poseedores carecen de esa arma mucho más terrible de ofensa y defensa que es el espíritu.

Los dedos no armonizan entre sí y no hay armonía en la palma gruesa, dura, pesada y poco elástica. Tales manos son también a menudo un indicio de crueldad, y, en efecto, la piedad es un sentimiento que excluye necesariamente a quienes se ven obligados a luchar no sólo con las uñas, sino también con los dientes, desde su nacimiento, por la conservación de su existencia.

Incluso entre los pueblos civilizados y, con facilidad, como es lógico, en las esferas más bajas, se encuentran esas manos, que son indicativas de una vida espiritual totalmente rudimentaria; de cerebros cerrados y negados y de lo que es pura gratificación estética o elevación de la mente.

Estas personas tienen pasiones elementales: el amor físico, necesario para la conservación de la especie, es, por tanto, por completo instintivo, lejos de cualquier transporte sentimental; el hambre, la sed, el sueño.

En la antigüedad había líderes de ejércitos que tenían esas manos, porque pertenecían a cuerpos con unos miembros vigorosos, y, más a menudo, en tales personas, el coraje no era el desafío consciente del peligro, sino el mismo instinto oscuro y cruel que impulsaba al hombre primitivo a cazar la sangre de otros, aunque no fueran enemigos.

Sin embargo, no hay que generalizar y atribuir instintos crueles y deficiencia mental a todos los individuos que se encuentran con manos grandes. En primer lugar, las manos son proporcionadas al cuerpo, y sería ridículo que un gigante tuviera las manos de una joven. Una mano puede ser grande pero armoniosa; los dedos pueden estar bien formados y en la proporción adecuada a la palma, en cuyo caso la mano debe considerarse bajo uno de los aspectos descritos en el capítulo anterior.

Por otro lado, las manos demasiado pequeñas tampoco son un buen indicio. Denotan un espíritu perezoso, fácil de ceder bajo la influencia y la voluntad de otros. En consecuencia, este individuo, que es consciente de su propia debilidad, es tímido; y el hecho de no saber reaccionar frente a las influencias de los demás, incluso cuando le gustaría hacerlo, hace que se encierre en sí mismo: de ahí la misantropía.

Las manos estrechas, largas y enclenques participan de la debilidad del poseedor de las manos pequeñas, pero el dueño de tales manos no se excluye de la sociedad humana: su debilidad, que a veces raya la cobardía, le conduce a los chismes y a las pequeñas intrigas ocultas.

La mano seca, reseca, que al tocarla da la sensación de que se entra en contacto con bacalao que se deja durante semanas al Sol, y que presenta al mismo tiempo asperezas e importantes nudos, es la típica mano de quien rechazará conceder un préstamo incluso a su propia hermana, de quien sabrá acumular mucho durante su vida, pero no sabrá disfrutar ni siquiera de una parte porque su alegría reside precisamente en ver lo acumulado: es la mano del avaro, cuyos herederos no derramarán una lágrima tras su muerte, porque no se habrá hecho querer al estar envuelto en su maldita pasión.

Aquel que te persigue por teléfono, en la calle y en el café con su cháchara aburrida e insípida, sin duda, tiene una mano blanda y poco sólida.

La mano ancha y corta, con abundante grasa, revela a primera vista al glotón, al predestinado a la uricemia y a la gota. A menudo, esta mano también pertenece al egoísta, y a veces al envidioso. Me recuerda una pequeña historia que se cuenta desde el Véneto a la Toscana y a la Campania, en toda Italia con diferentes dialectos: en el Véneto se dice que una niña vio a su madre sirviendo sopa a sus numerosos hijos y, tras fijarse en el primer plato, preguntó: «Madre, ¿de quién es esa sopa?». Y su madre respondió: «Tuya», y ella contestó: «Ah, ¿esa sopita es mía?». La chica del cuento tenía, sin duda, unas manos grandes, cortas y gordas.

* * *

Además de la compleja y peculiar forma de las manos, no deja de ser interesante observar las posiciones que adoptan en reposo.

Coloca la mano sobre la superficie de la mesa. Si los dedos siguen la línea recta de la palma de la mano, tu carácter es indudablemente leal, pero si los dedos giran al revés, es señal de que tu espíritu es inconstante y ligero. Peor aún, si los dedos están un poco flexionados hacia atrás, hacia la palma, y no pueden extenderse por mucho que lo intentes, entonces trata de evitar el egoísmo y la avaricia, ya que la posición de tu mano revela el fondo de tu carácter.

La resistencia de la mano al tacto también tiene su importancia.

La mano del hombre positivo, cuyo cerebro está libre de sueños, es dura. En cambio, la del hombre perezoso, soñador, no desprovisto de alguna habilidad artística es suave. Si es gorda y brillante, como la nariz en verano, es del glotón; si es simplemente regordeta, indica a que la mano pertenece a una persona sensual, ávida de placeres carnales.

Una palma grande e inflexible pertenece a hombres de carácter enérgico: jefes de la industria, especuladores; gente acostumbrada a querer e imponer lo que quiere. Personajes leales y rectos; personas de mente y cuerpo sanos.

Una palma igualmente ancha, pero flexible y no demasiado dura, pertenece a un individuo que posee las cualidades del anterior, pero que no sabe aplicarlas como él a la vida práctica. Es más proclive a la especulación intelectual, que, si bien no es rentable, alberga satisfacción. Es un hombre de temperamento benévolo que ayudará con gusto siempre que sea posible.

Te aconsejo que te mantengas alejado de las personas en las que observes una palma de la mano que sobresale, así como de las grandes, excesivamente desarrolladas: son personas que te harán daño voluntariamente, no porque estén enfadadas contigo, sino porque la maldad es inherente a su naturaleza cruel y violenta.

Los susceptibles, que no quieren a nadie más que a sí mismos, tienen una palma por completo distinta a la anterior: estrecha y fina. También tienen poca imaginación; puedes impresionarlos fácilmente, pero se resentirán. No creerán nada de lo que se les diga si tienen alguna idea propia al respecto, ya que, al fin y al cabo, son tercos.

El egoísta, el irascible tiene una palma de la mano fuerte, que se resiste a su agarre, pero larga en lugar de ancha, mucho más larga de lo normal.

El deportista llevado a la exageración, que desata en el «deporte» toda la exuberancia física que la civilización le obliga a contener, y que, de otro modo, se manifestaría incluso con crueldad, siendo violento, tiene una palma dura y gruesa.

Y, como en todo, la virtud está en el medio, en la palma de la mano el camino del medio indica un espíritu equilibrado y un físico sano. Además, los individuos que poseen una palma de tamaño medio, en fina armonía con los dedos y la muñeca, ágil y flexible, también están dotados de una inteligencia viva, un juicio rápido y sereno, y la capacidad de asimilación y elaboración.

* * *

Todos los datos anteriores se aplican, en general, tanto a los hombres como a las mujeres. Sin embargo, hay que señalar de inmediato que, entre las mujeres, los tipos primitivos de manos son muy poco frecuentes (incluso entre las mujeres de la clase obrera y las campesinas). De hecho, la mujer ya es un producto de la especie humana refinado en sí mismo, puesto que ha sido quien ha guiado al hombre por los caminos del espíritu a través de los siglos y milenios.

Agraciada y exuberante, es más probable que tenga unas manos del tipo «espatulado». Asimismo, entre las mujeres, encontramos unas manos del tipo místico y artístico.

Cabe destacar que las cualidades de cada uno de estos tipos de manos se acentúan en las mujeres.

LA PIEL

Todos conocemos la importancia de la envoltura de nuestro cuerpo, la piel, ya que protege sus tejidos y venas.

La piel también tiene una función táctil: cualquier agente externo se siente, en mayor o menor medida, en cualquier parte de ella.

Aparte de la lengua y la membrana mucosa de los labios, la piel de nuestras manos es, con mucho, la más sensible de todas; y, en las mismas manos, la máxima sensibilidad se encuentra en la piel que cubre el dedo corazón o las yemas de los dedos.

La sensibilidad táctil varía de un individuo a otro, dependiendo de si tiene una mayor finura o aspereza de la piel. También oscila según las ocupaciones que haya ejercido, que pueden alterar la composición de la epidermis, haciendo que resulte más gruesa.

Las manos delicadas de una dama habrán sido conscientes de esta realidad si, debido a la necesidad, han tenido que coger la escoba durante unos días. La piel se habrá enrojecido al principio, y, con cada nueva pasada de la escoba, se habrá tenido una sensación de quemazón; entonces se habrán formado ampollas similares a las producidas por las quemaduras solares, y, una vez que éstas se hayan reventado, la repetición de la tarea habrá dado lugar a algunos callos. A partir de ese momento, la piel no sólo dejará de arder en esos puntos, sino que habrá perdido toda su sensibilidad.

Por ello, el quiromante inteligente también se basa en gran medida en las deformaciones particulares de la piel de la mano para definir la personalidad de la persona que tiene delante.

Con un poco de práctica, es posible catalogar con exactitud la posición y el mayor y menor grosor de los callos producidos por muchas profesiones y oficios.

Los callos de alguien que está acostumbrado a remar, por ejemplo, serán muy diferentes de los de un mecánico o un agricultor.

Ni siquiera los escritores, cuya pluma es tan ligera, son inmunes al callo propio de su arte. Hablamos, por supuesto, del escritor profesional, y no del escritor aficionado ni del escritor muy moderno, que utiliza un ordenador. El escritor profesional, acostumbrado a manejar su pluma durante cuatro o cinco horas al día, suele mostrar su oficio en un pequeño callo que se forma en el interior del último hueso del dedo corazón, justo debajo y a la izquierda de la uña, donde se apoya la pluma.

La Providencia no quiso que las yemas de los dedos, que son la parte más sensible del tacto, estuvieran sujetas a callos; si no, ¡pobres mecanógrafos! Sin embargo, en los mecanógrafos hay al menos un engrosamiento de la piel en ese punto.

Por último, cabe señalar (y esto es muy importante) que los estudios e investigaciones realizados por los estudiosos sobre miles de individuos han revelado que, en las personas educadas, la sensibilidad del tacto es mucho mayor que en los ignorantes. Es especialmente en los inventores donde se ha encontrado el mayor grado de sensibilidad. Pacinotti tenía, incluso, mayor sensibilidad en las yemas de los dedos que en la punta de la lengua. Edison tenía estas dos partes igualmente sensibles.

En los invidentes, la sensibilidad táctil llega hasta la exasperación, y es comprensible, ya que el tacto sustituye a su preciosa vista.

Hace poco murió en Milán (y todos los periódicos se hicieron eco de ello) un ciego de nacimiento que, además, era sordomudo. Por lo tanto, el desgraciado vivía como si estuviera detrás de un muro más allá del cual no le llegaba ninguna sensación del mundo exterior. Ni un solo objeto cayó bajo el control de sus sentidos visuales, ni un solo sonido reconfortó su larga noche. Nos estremecemos de horror al pensar en este infeliz, encerrado en sí mismo como en una tumba viviente.

Para él, el único contacto con el mundo era su piel, la envoltura que unía su carne y su espíritu, y cuya necesidad de sensibilidad se agudizaba mil veces más que en las personas normales; tanto, que se hizo escultor, y fue un escultor admirado, pues sus obras permanecen para atestiguar que muchos artistas del siglo xx, dotados de buenos ojos para distinguir lo bello de lo feo, merecerían, si nuestra civilización nos permitiera volver por un momento a las bárbaras costumbres medievales, ser privados de ese bien supremo que es la vista, para no tener que ofender más nuestra rectitud con ciertas formas pretendidas de «arte» en las que no hay nada artístico, sino fingimiento.

La piel gruesa y dura es, pues, como se desprende de lo que se ha dicho hasta ahora, un signo de una mente insomne y tardía; la mano primitiva siempre tuvo una piel gruesa. Sin embargo, no confundamos la piel engrosada por el trabajo manual rudo o por los deportes practicados con demasiada frecuencia con la piel dura de nacimiento. Una piel fina es siempre un indicio de un espíritu y un cerebro refinados por el estudio o ya superiores desde el nacimiento.

∗ ∗ ∗

La calidez y la caída de la mano también tienen su importancia para revelar la personalidad.

Desconfía de ciertas manos (generalmente femeninas) cerosas, casi transparentes: esas manos blancas, diáfanas, inmateriales, tan queridas por los poetas, las manos de nieve. He visto unas manos de este tipo en una actriz que se hizo pasar por aristócrata. Eran tan blancas que resultaban incluso impresionantes, más que bellas. Éstas son precisamente las llamadas manos «aristocráticas».

Esa actriz era muy mediocre como actriz y, como mujer, era muy egoísta. Justo las dos características distintivas de las manos de cera: el egoísmo y la mediocridad. Las manos de cera nunca tendrán alas, y tendrán los corazones fríos, incapaces de emoción, de piedad, de amor.

Por otro lado, las manos demasiado rojas son un signo de pasión también demasiado violenta: ira, celos, odio. Los individuos dotados de tales manos están siempre en vilo; ven enemigos por todas partes. Son desconfiados, susceptibles, y de ello se deduce fácilmente que viven en perpetua discordia con todo el mundo. También son seres indecisos que siempre necesitan pedir consejo a los demás: ¡cuidado con dar consejos a estas personas! Si siguen tu consejo y les parece mal, dirán que lo has hecho a propósito, te culparán de sus males y te perseguirán con su resentimiento. Si el color rojo es tan brillante que tiende incluso a hacer daño, todas las pasiones mencionadas serán llevadas al punto de exasperación y habrá manifestaciones de brutalidad, e incluso crueldad.

Una mano que tiende sólo al rojo, que no es sólo rosada, pero que aún no es roja, es propia del hombre impulsivo: aquel que en sus acciones se deja llevar por el impulso en lugar de guiarse por el razonamiento; el individuo ardiente, que ama con entusiasmo, pero que mañana se deja distraer y conquistar por algo más nuevo. Es el hombre que, si le ofendes, no se pierde en parloteos, sino que pasa enseguida a la acción, para después arrepentirse con sinceridad y apenarse más que tú si te ha hecho daño.

Una piel ligeramente rosada, bajo la cual se puede ver el trazado de las venas (sin que sobresalgan en nudos desagradables), por lo general pertenece a las mujeres: es un signo de bondad de ánimo, de juicio tranquilo y sereno. Mira las manos de tu prometida, y si son así, llévala directamente al altar.

Las manos que tienden de manera natural al bronceado (no de la playa, para ser claros) son un signo de fuerza y salud. El enfermo del estómago o del hígado nunca será demasiado paciente, demasiado amable y (a veces, pero no siempre) demasiado generoso. El verdaderamente fuerte, el verdaderamente sano, es tranquilo y bueno, y también es generoso: esto es natural, porque no necesita ahorrar energía vital y puede invertirla en los demás. Se deduce, por lo tanto, que el individuo con manos cuyo color tiende al bronce, porque está sano, es sereno y fuerte, también moralmente, además de bueno.

Las manos cuya piel tiende al amarillo (el color típico de los enfermos de hígado) denotan una mala salud, y ésta, por lo general, va acompañada de melancolía. Los enfermos son, por naturaleza y necesidad, aburridos; si eres impaciente, no te cases con personas con las manos amarillentas.

El calor de la mano, como se ha dicho, también es importante. Hay personas que, sin tener fiebre, tienen siempre las manos calientes, de modo que cuando las estrechas, sientes instintivamente ese calor excepcional. Son las manos de los nerviosos, los irritables, los inestables, los descontentos.

La mano fría puede revelar a una persona tímida; así que dale valor con tu comprensión y benevolencia. Sin embargo, lo más frecuente es que la mano fría sea la del ser cerrado, ya sea por egoísmo o por orgullo: la del que, por uno u otro motivo, no quiere admitirte, o apenas te admite, en su intimidad. No entres, porque se sentirá decepcionado por lo que encuentres.

¡Qué sensación tan desagradable estrechar una mano húmeda! Cuando esta humedad va acompañada de una sensación de frialdad, el individuo que te ha tendido la mano es una persona enferma: su mente también es torpe y apagada; no tiene ideas propias, ya sea por incapacidad o por inercia, y, si te ganas su confianza, estará dispuesto a asumir la tuya. Pero no te tomes la molestia de inspirarle, porque mañana asumirá las del que, después de ti, le habrá impresionado por última vez.

EL VELLO

El vello es el distintivo de la virilidad, hasta el punto de que los hombres, en el siglo pasado, habían hecho de sus antiestéticas barbas «el honor de la barbilla». Es mejor que hayan renunciado a este honor, porque una barba, si es decorativa, no es nada hermosa.

En las manos, por lo tanto, la mujer no debe tener vello, pues no es natural. Si lo tiene, se hace patente su tendencia a ser un poco masculina y se puede confiar en ella para hacer negocios, lo que, normalmente, está muy lejos del carácter de una mujer, porque el vello en las manos demuestra que es buena en eso. Marta Hanau, la infame Marta Hanau, tenía abundante vello en las manos y era, sin lugar a dudas, una buena mujer de negocios. Pero cuidado, señoras, no vayan por el mismo camino que ella, que se sabe que es bastante peligroso para los demás y para ella misma.

Una cantidad normal de vello (que no destaca ni por su escasez ni por su abundancia), bien repartida en el dorso de la mano, como un césped regulado por un jardinero experto, indica una constitución física vigorosa.

Si el vello es abundante, el vigor es incluso excesivo, y se traduce en materialidad.

Disperso en mechones, el vello muestra un físico desequilibrado, al que responde un espíritu equivalente.

Si se carece por completo de este atributo viril, o es demasiado escaso, se tiene a un individuo afeminado, blando, engreído y petulante.

LAS UÑAS

Las uñas están constituidas por una sustancia córnea, idéntica a la del pelo. Protegen la punta del dedo y le dan fuerza, al mismo tiempo que protegen los innumerables filamentos nerviosos que recorren el dedo corazón y sirven para que resulte tan táctil.

Las uñas, aunque sean fuertes de manera natural, en ciertos períodos más o menos prolongados, pueden ser lo bastante frágiles como para romperse con gran facilidad y, en ocasiones, sin necesidad de un impacto externo; son entonces los nervios los que juegan estas malas pasadas, y conviene tratarlos. A veces, la anemia también da lugar a estas manifestaciones.

Por lo general, las uñas deben ser fuertes pero flexibles, y tan largas como la mitad de la última falange. Deben ser de un bonito color rosado. Estas uñas, en una mano de piel rosada y venas transparentes, son características de la persona física y moralmente sana, buena y afable. El individuo que las posee es equilibrado, leal y desinteresado.

Unas uñas demasiado fuertes, demasiado robustas, demasiado gruesas y sin ninguna flexibilidad concuerdan con la piel gruesa de las manos; indican una inteligencia y un espíritu mediocres.

El individuo tímido e indeciso, incapaz de orientarse, tiene unas uñas que corresponden con su carácter: blandas y frágiles.

La imaginación, la riqueza y la variedad de ideas van de la mano de unas uñas bien estructuradas, no frágiles pero sí finas.

Unas uñas demasiado largas pertenecen a las personas nerviosas, demasiado excitables, en exceso sensibles.

Las uñas cortas son del hombre «establecido», que piensa mil veces antes de hablar, que quiere estar bien convencido antes de creer, que no se excede con la fantasía, que no cree en lo que no ve.

Las uñas largas y estrechas, es decir, muy curvadas en el centro, pertenecen a los soñadores, a los fantasiosos, a las personas que se refugian de buen grado en hacer castillos en el aire para consolarse de lo que no tienen en la Tierra.

En cambio, las personas en las que la ira aparece por cualquier cosa, que son tempestuosas e incontrolables, tienen unas uñas casi violetas en una mano seca y angulosa.

Las uñas también revelan enfermedades o de la predisposición a ciertas patologías.

Desde la antigüedad se han observado fenómenos mórbidos con los que las uñas parecen estar estrechamente relacionadas. Parece establecido, por ejemplo, que la predisposición a la tuberculosis y, en general, a las enfermedades del sistema respiratorio se hace patente en unas uñas curvadas en la punta, casi en forma de gancho.

Ya hemos afirmado que en ciertas enfermedades nerviosas y, a veces, cuando se padece anemia, las uñas se rompen con mucha facilidad. Las uñas que no tienen ningún rastro de la llamada «luneta» en su base parecen indicar debilidad del corazón.

En la lepra y en muchas otras terribles enfermedades contagiosas, las uñas se desprenden completamente y se caen. Los que sufren del estómago y de los intestinos tienen las uñas planas, y los que son de constitución frágil y delicada tienen las uñas largas, estrechas y débiles.

Esa espantosa enfermedad que la ciencia ha aprendido a curar hace pocos años, la sífilis, cuando es hereditaria, se muestra en unas uñas manchadas y quebradizas.

Las famosas manchas blancas indican, indistintamente, anemia o enfermedades nerviosas; una vez curada una u otra, las manchas también desaparecerán.

LOS DEDOS
POR SEPARADO

Incluso los dedos, juntos y por separado, tienen su propio carácter y revelan el carácter del individuo. Algunos detalles revelados por los dedos tomados por separado pueden parecer que contrastan con las características reveladas por la palma de la mano; en este caso, debe darse mayor importancia a los signos más marcados. No es infrecuente, sin embargo, encontrar individuos dotados de caracteres y cualidades que parecerían estar en contraste entre sí, y que, de hecho, lo están, pero la Naturaleza ha hecho que tales individuos estén perpetuamente en lucha consigo mismos y con dos personalidades diferentes que subsisten en ellos.

En primer lugar, debe existir armonía entre la longitud y el tamaño de los dedos en relación con la palma de la mano. En una palma robusta y rechoncha, los dedos largos y delgados, tan finos como las patas de una araña, serían objeto de risión. Para ser bello, todo en nuestro cuerpo debe ser armonioso: la armonía es un signo de normalidad, incluso de la normalidad psíquica. La desarmonía puede indicar dones o defectos acentuados.

El hombre excesivamente ordenado, que es tan ordenado como pedante, tiene unos dedos largos. Los dedos cortos, gordos y anchos evidencian un temperamento codicioso y grosero. Las personas inteligentes tienen a veces unos dedos muy cortos, aunque bien formados; pero en este caso también son desordenados.

Unos dedos muy juntos en la base pertenecen a las mujeres ahorradoras, previsoras y tranquilas; las ligeras e inconstantes tienen exactamente lo contrario, unos dedos muy separados en la base.

El dedo anular y el meñique separados entre sí, tanto en la base como en la punta, son indicios de un carácter independiente; los pensamientos propios y las opiniones personales se revelan cuando el dedo índice y el corazón se encuentran separados la misma distancia.

El avaro tendrá el pulgar curvado hacia dentro; el egoísta, el dedo índice curvado hacia el pulgar; y el ambicioso, el dedo índice curvado hacia el dedo corazón.

Los dedos nudosos por naturaleza (excepto que lo sean por patologías deformantes como la artritis), pero no en exceso, favorecen la reflexividad del sujeto si los nudos se hallan en la primera falange: es un hombre que razona y quiere estar al tanto de todo; además, suele ser incrédulo. Si el nudo se tiene en la segunda falange, tenemos frente a nosotros a un hombre de negocios; y si el nudo estará muy desarrollado, será un egoísta.

EL PULGAR

El pulgar es, con mucho, el dedo más importante para el estudio del carácter individual.

También es muy importante, independientemente de su valor en el ámbito de la quiromancia, debido a que es oponible a los otros dedos. Ésta es precisamente la superioridad de la mano sobre la pata. Si no tuviéramos el pulgar oponible, no podríamos ni agarrar ni sujetar. Observa al perro: presionará el hueso contra el suelo, pero nunca podrá levantarlo, aunque los dedos rudimentarios de sus patas fueran más largos: le falta el pulgar con el que sujetar a su presa en el puño.

El pulgar, propio de la especie humana, tiene también un gran valor en quiromancia, porque de él se deducen las proporciones en que cada individuo posee las dos facultades que también son característica del hombre: la voluntad (de ahí la continuidad del pensamiento) y la lógica (de ahí el pensamiento mismo).

En la base del pulgar, bajo la primera falange, hay una hinchazón llamada monte de Venus. En el capítulo sobre los montes, también hablaremos de él, ya que revela el mayor o menor grado de sensualidad individual.

La primera falange muestra la lógica, mientras que la segunda, la voluntad.

En los niños, en los que todavía no se ha hecho patente la voluntad, o en los dementes, en los que se ha extinguido, el pulgar está constantemente flexionado hacia dentro; los idiotas incluso carecen casi de él, o tienen un sustituto atrófico como pulgar. Incluso el enfermo grave, en el que la voluntad, por supuesto, está presente, tan adormecida como todas las demás facultades, mantiene el pulgar hacia dentro, como si fuera un esfuerzo conservarlo extendido.

El pulgar poco desarrollado, corto y desgarbado denota una naturaleza primitiva, violenta, casi bestial. El hombre refinado por la civilización, inteligente y consciente, tiene un pulgar largo.

El nervioso, el temeroso, el tímido, el avaro tienen el pulgar curvado hacia los otros dedos. El hombre normal, inteligente, reflexivo, moderado y de voluntad fuerte puede flexionar su pulgar en un ángulo casi (pero no del todo) recto con los otros dedos; un ángulo de cuarenta y cinco grados indica a alguien que empuja la voluntad hasta el punto de la obstinación ciega.

El ser dotado de una voluntad inquebrantable, que es capaz de someter a los demás a su voluntad, tendrá la segunda falange del pulgar muy larga; el seguro de sí mismo, ambicioso, «arribista» en el mejor sentido de la palabra, la tendrá muy larga y gruesa.

La «Girella» de Giusti, que cantaba las alabanzas de la monarquía y de la república con el mismo entusiasmo y estaba dispuesta a gritar hosannas hasta el último aliento, debió de tener un pulgar corto en la segunda falange, como sus compañeros. Si hubiera tenido un pulgar muy corto, habría sido abúlica.

Los testarudos y los melancólicos también tienen una segunda falange corta y muy ancha; corta y medianamente ancha y característica de los tenaces, de aquellos que, tras haberse fijado una meta, la alcanzan por una fuerza de voluntad que no desfallece por muy duras que sean las dificultades.

Cuando la segunda falange no es muy corta pero sí muy ancha, indica que la persona es orgullosa, terca y tímida. El temperamento suave se revela por una longitud y una anchura mediocres.

Habrás observado que, entre los plebeyos en general, el pulgar terminaba casi como una bala. Se trata de un indicio de un temperamento feroz: el asesino, por codicia, a veces tiene la segunda falange del pulgar de este modo.

El individuo en el que la facultad lógica está muy desarrollada tiene una segunda falange cuadrada; el impulsivo, el nervioso, la tiene puntiaguda; el inconstante tiene un extremo redondeado, casi puntiagudo.

El hombre, en el que los instintos tienen más poder que el pensamiento, tiene una segunda falange muy gorda, terminada con una uña corta y plana.

Si la segunda falange es más corta que la primera, denota al eternamente indeciso, al eternamente dudoso, al que necesita constantemente la iluminación de los demás; lo contrario, y que la primera falange sea más corta que la segunda, hace patente una voluntad que sería capaz de emerger si estuviera al servicio del pensamiento agudo, lo que no es.

La segunda falange, que puede moverse casi por sí misma debido a su elasticidad, atestigua una naturaleza sensual, derrochadora y más bien sumisa.

El lunático, cuyo estado de ánimo oscila con facilidad, pero se inclina a la melancolía, tiene la primera falange mucho más larga que la segunda.

La base del pulgar, muy hinchada, poco firme y coronada por un pequeño pulgar indica una sensualidad ardiente.

El ser acomodaticio, que sabe encontrar una solución satisfactoria a todas las situaciones para sí mismo y para los demás se revela por la primera falange del pulgar, más bien hueca.

El que es capaz de pasar por encima de los intereses de su propio hermano si le conviene tiene la cara interna de la primera falange muy carnosa y saliente.

Y, como en todas las cosas, la virtud se encuentra en medio. Incluso en los caracteres peculiares de la lógica y la voluntad del pulgar, con la secuela natural de cualidades que traen consigo, se revelan por una longitud equivalente, tanto de la primera como de la segunda falange.

EL ÍNDICE

Revela inmediatamente la ambición que impulsa todos los actos de su poseedor si se inclina hacia el dedo corazón con una curva apreciable; señalado, es propio de quien se contenta con hacerse notar, aunque sólo sea en el pequeño círculo social de sus conocidos, lejos de las grandes ambiciones que le impulsan a las grandes obras.

Los líderes, los dirigentes siempre han tenido, en general, el signo de su capacidad de dirigir y dominar en el dedo índice, que, a veces, es tan largo como el propio dedo corazón; lo contrario, es decir, el dedo índice muy corto, se encuentra en los individuos sumisos, plácidos y dóciles.

De longitud media y de temperamento altivo y duro.

El dedo índice con forma de espátula muestra a los orgullosos, en los que el engreimiento y la ambición van de la mano.

La voluntad de éxito, que ennoblece tantas iniciativas e intelectos, se revela en el dedo índice cuadrado.

EL CORAZÓN

Un dedo corazón corto indica una buena salud y, por lo tanto, optimismo. Es propio de quienes aceptan el destino y el mundo tal y como vienen, y se contentan por igual con el buen y el mal tiempo. Un dedo corazón largo, en cambio, pertenece a los que magnifican la adversidad, a los que son conscientes de ella, a los que se dejan vencer fácilmente porque están sanos y son incapaces de reaccionar. Las mismas reacciones se encuentran en la adversidad (o idéntica falta de reacción, por así decirlo) en los individuos que tienen el dedo corazón como una espátula.

El que sabe luchar con los puños (en sentido figurado) contra la mala suerte y domarla está dotado de un dedo corazón cuadrado y robusto.

El ligero, el vacío, tiene un dedo corazón afilado.

Un dedo corazón inclinado hacia el índice denota a alguien orgulloso de sí mismo sin nada que justifique su exagerada autoestima; inclinado hacia el dedo anular es artístico y científico, con cierto afecto por las ciencias y las artes.

El anular

El dedo anular, sede de ese círculo que indica el amor prometido, la fidelidad, ha sido considerado desde la antigüedad porque se creía que estaba atravesado por una pequeña vena que conducía y recibía la sangre directamente del corazón: una parte de la sangre que era su propia particularidad.

El dedo anular es testigo en su propietario de fuertes cualidades de crítica, amor y comprensión de la belleza en todas sus formas.

El filósofo, el amante de la verdad buscada a través de las especulaciones profundas del espíritu, tendrá un dedo anular cuadrado.

El intuitivo lo tiene corto, y el artista, en forma de espátula.

El ambicioso, el que está dispuesto a jugarse su fortuna, a sí mismo, por su ambición, tiene un dedo anular muy largo, casi tanto como el dedo corazón.

El meñique

Y llegamos al último dedo de esa maravilla que es nuestra mano; el más pequeño, el más bonito, el más liviano.

Las señoras remilgadas lo sostienen en alto y extendido cuando se llevan la taza a los labios; lo utilizan para amenazar cortésmente en lugar del dedo índice, o incluso para señalar las líneas de un libro. Suele ser costumbre mantener la uña del dedo meñique más larga que las demás, y se ven (por suerte son raros) incluso hombres serios que tienen todas las demás uñas cuidadosamente cortadas, incluso por debajo del extremo de la yema del dedo, y sólo larga la uña del dedo meñique muy larga: un espectáculo nada estético y agradable.

El dedo meñique en forma de espátula es propio de quien no pierde el tiempo en parlotear, sino que apunta directamente a lo suyo; en cambio, en el intuitivo es puntiagudo.

El espíritu especulativo del filósofo se revela en el fuerte y cuadrado dedo meñique.

El orador (no el que hace que te duermas en la silla) lleno de ideas nuevas y brillantes tiene un dedo meñique largo.

El que cede inmediatamente a un impulso, en cambio, lo tiene corto.

El dedo meñique que parte directamente de su raíz y no se desvía indica un espíritu leal y abierto. El hipócrita, el traidor, el que nunca se atrevería a dar la cara ante ti, tiene un dedo meñique tan retorcido como su alma.

SEGUNDA PARTE

LOS MONTES

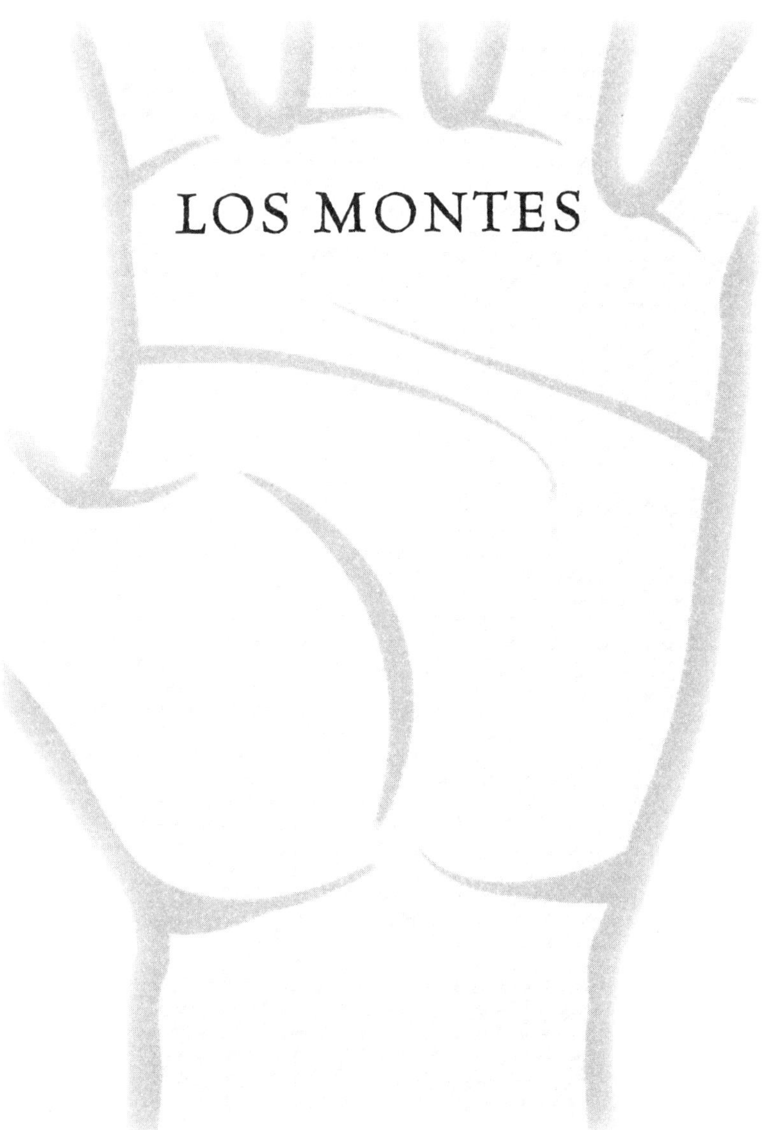

Los llamados «montes» son protuberancias de carne en la mano, y hay siete: cinco en la base de los cinco dedos y dos hacia la parte extrema de la palma, frente al pulgar.

Se denominan del siguiente modo:

- Monte de Venus (base del pulgar).
- Monte de Júpiter (base del dedo índice).
- Monte de Saturno (base del dedo corazón).
- Monte de Apolo (base del dedo anular).
- Monte de Mercurio (base del dedo meñique).

Los dos montes hacia el extremo de la mano se llaman: monte de Marte, el superior, y monte de la Luna, el inferior (*véase* figura 1).

Los montes resumen las cualidades o vicios por la forma de la mano, los dedos, su color y todo lo que se ha mencionado. A veces, el significado de los montes puede corregir, o incluso modificar, el significado de las otras partes de la mano.

Es bueno tener en cuenta que, de hecho, en la quiromancia el significado más importante, e incluso el decisivo, es precisamente es el de los montes y las líneas.

Los montes deben ser prominentes; una palma completamente plana y lisa indica la ausencia de todas las virtudes o cualidades propias de cada monte.

Una prominencia correcta indica buena salud y la fuerza física del individuo, acompañada de la fuerza moral.

Una elevación exagerada de los montes muestra una ambición llevada al extremo, a menudo combinada con la capacidad de distinguirse para satisfacer esta ambición.

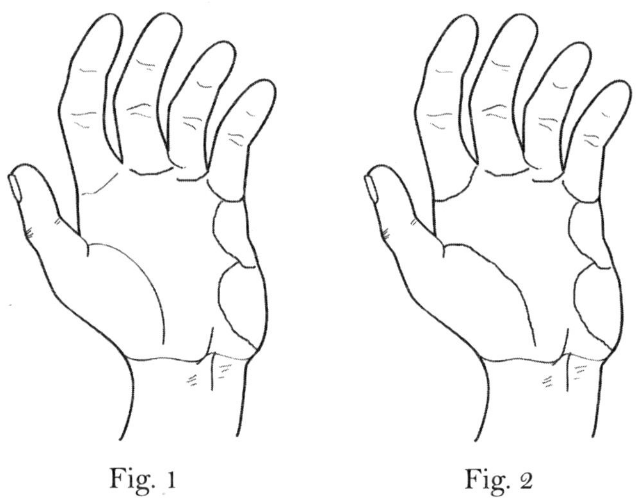

Fig. 1   Fig. 2

Una vida uniforme, sin acontecimientos dignos de ser recordados, similar a la de muchas otras personas, se hace patente con unos montes muy poco elevados.

Y, a continuación, tratemos su particular significado uno a uno.

El monte de Venus

Es el que indica la sensualidad. Del mismo modo que el amor platónico se encuentra en la línea del corazón, el poder del amor sensual puede leerse en la hinchazón que se halla bajo el pulgar.

Los lujuriosos y libertinos presentan un monte de Venus exageradamente desarrollado; tanto, que ni siquiera está atravesado por líneas, sino que aparece del todo liso.

Cuando se mide de forma justa y normal, denota un carácter amable, dispuesto a prestar un servicio si se le da la oportunidad. En ocasiones también indica un sentimiento de belleza, una capacidad de comprensión artística.

Cuando es poco relevante, muestra un sentimiento de tranquilidad. En un individuo muy soñador, más inclinado a la contemplación que a la acción, apenas se hace patente.

Cuando el monte se muestra deprimido, significa incapacidad sensual, falta de estímulos amorosos, pereza.

Cuando es pequeño, y en el caso de personas con poca salud, indica que existe muy poca o ninguna sensualidad. Cuando es elevado y está bien dibujado, muestra una complexión robusta, un espíritu sano y equilibrado, y un carácter cariñoso.

Si está deprimido a los lados e hinchado en la parte central, es un signo de infidelidad, ligereza y vanidad.

Si se muestra hinchado sólo en la parte superior, hacia la palma de la mano, denota fortaleza, capacidad de mando propia y ajena; por el contrario, cuando está hinchado hacia la muñeca, denota timidez, poca voluntad y un carácter dócil y manso.

Si está del todo deprimido, como en los impotentes, pero atravesado por muchas líneas e incisiones, indica que los apetitos sensuales serían fuertes, pero que no encuentran correspondencia en la capacidad de expresión.

El monte de Júpiter

La ambición y la conciencia de uno mismo se muestran en el dedo índice y el monte que hay debajo, el monte de Júpiter.

Los magnánimos, los generosos y los audaces tienen un monte de Júpiter bien desarrollado, lo mismo que las personas de buen corazón y las que gozan de buena salud y están dispuestas al optimismo y la alegría.

La presunción y la ambición que supera las propias posibilidades se plasman en un monte excesivamente prominente.

Si el monte de Júpiter ni siquiera está marcado, indica que nos encontramos ante un individuo dominado por el egoísmo, la pereza, la falta de ambición y el poco respeto por sí mismo.

Si el centro está más hinchado, el monte de Júpiter denuncia la ausencia de cualquier escrúpulo. El individuo no tendrá consideración con nadie para conseguir sus objetivos, que, en muchos casos, pueden no ser ni siquiera confesables.

El monte de Júpiter empujado hacia abajo y hacia la base del dedo corazón, es decir, bajo el monte de Saturno, indica que se trata de una persona ahorradora, con tendencia incluso a la avaricia.

La persona lista en sus concepciones y en sus acciones tiene el monte de Júpiter muy alto, justo debajo de la línea que corta la última falange que lo separa de la palma.

EL MONTE DE SATURNO

Situado en la base del dedo corazón, el monte de Saturno está muy desarrollado en los solitarios, los misántropos, los contempladores y los maníacos. Los suicidas también suelen tener un monte de Saturno muy desarrollado. Y a veces también los ermitaños, a quienes un misticismo superior les ha llevado a separarse del mundo, a olvidarlo y a ser olvidados por él.

Los mediocres tienen este monte desarrollado de un modo mediocre. Son inseguros en las amistades, en los afectos y en las acciones de la vida.

Los tímidos e incapaces tienen el monte de Saturno elevado en el centro, y que cae abruptamente hacia atrás en los lados.

El monte de Saturno elevado hacia la base del dedo indica prodigalidad o generosidad llevada al extremo.

Lo contrario, es decir, el monte empujado hacia el centro de la palma, es un signo de un carácter inconstante, ligero y frívolo.

La vida sin grandes sobresaltos, segura e igual a sí misma a través de los meses y los años, se revela por la ausencia del monte de Saturno.

Un monte pequeño y plano es el monte de los entusiastas, de los que se entusiasman y ocupan por un amor o una idea, dispuestos a abandonar uno u otro en cuanto se dejan llevar por un nuevo entusiasmo.

Los tibios, los que nunca se molestarán por nada en el mundo porque nada puede sacudirlos, tienen un monte de Saturno tan pequeño como los entusiastas, pero bastante evidente.

El monte de Apolo

Corona la base del dedo anular, consagrado a Apolo, dios de las Artes. Indica tendencias artísticas, amor y comprensión de la belleza.

Cuando está muy elevado, y es carnoso y firme, el monte de Apolo indica cierta buena suerte, el genio del intelecto y la capacidad para triunfar en la vida.

Elevado de un modo normal, bien dibujado, con contornos nítidos y decisivos, revela la inteligencia aguda, a un excelente artista o crítico de arte.

Si está elevado en el centro, indica el deseo de mundanidad, la ambición mundana: ni artística ni, en todo caso, intelectual, sino la ambición de sobresalir, de hacerse notar en la sociedad por ese conjunto frívolo que es la elegancia, el *savoir vivre*.

Desplazado hacia el monte de Saturno, el monte de Apolo indica un alma triste, un espíritu pesimista, una persona inclinada a sufrir todo por una incapacidad innata de gozar. Diría que un deseo de sufrir por el sufrimiento en sí mismo.

Si se desplaza hacia la palma, el monte de Apolo indica la falta de sentido artístico, aunque el individuo tenga pretensiones artísticas.

El monte de Mercurio

Consagrado al dios de los comerciantes y los ladrones, el monte de Mercurio cierra con gracia la base del dedo meñique.

La persona del todo normal y equilibrada, dotada de un buen sentido innato, justa, perspicaz y hábil en los negocios, tiene este monte bien perfilado, levantado lo justo, firme al tacto.

Si está excesivamente desplazado hacia arriba, es demasiado grande y está no demasiado bien señalado, el monte de Mercurio indica ignorancia y poco deseo de educarse, con cierta tendencia a considerar como propios los bienes ajenos.

Los pródigos y los ligeros de corazón que no quieren preocuparse, no desean pensar y no les gusta la fatiga tienen este monte perfilado pero muy plano.

La ausencia total indica la falta de sentido comercial, la incapacidad de ganar y producir.

Movido hacia el monte de Apolo, indica un temperamento plácido, con tendencia a la contemplación, con capacidades artísticas.

El monte de Marte

El monte de Marte está situado justo debajo del monte de Mercurio. De su desarrollo excesivo surge el guerrero, y también el matón, siempre dispuesto a la pelea. Cuando se desarrolla de forma totalmente anormal, es típico del *hooligan*: arrogante y presuntuoso, además de ignorante, ciego en su ira y codicioso.

Si se halla señalado de una manera normal, el monte de Marte es propio del valiente sin temeridad, de aquel que, si se convierte en héroe, lo hará por un verdadero desprecio al peligro y no por temeridad.

Puesto que Marte es el dios de la guerra y el monte que lleva su nombre atestigua el grado de combatividad del individuo, se deduce, lógicamente, que quien carece de ella es un cobarde.

El monte de la Luna

El monte de la Luna comienza inmediatamente debajo del de Marte y termina en la primera línea que cruza la muñeca.

La ausencia de este monte indica un carácter irreflexivo y poco imaginativo, más apegado a las cosas concretas que a las imágenes: incapaz de la contemplación y espiritualidad.

El exceso, es decir, el desarrollo excesivo de este monte, indica una salud frágil. Y del mismo modo que todos los que gozan de mala salud son inconstantes, los que han desarrollado en exceso el monte de la Luna son inconstantes y caprichosos, así como nerviosos, con tendencia a la tristeza y, en cierto sentido, a la manía religiosa, que pueden perder el ánimo incluso cuando un mínimo esfuerzo de energía sería suficiente para salir de situaciones que al individuo dotado de este carácter le parecen incluso desastrosas.

El mentiroso tiene el monte de la Luna abultado hacia el centro.

Delineado con decisión y señalado de forma correcta, el monte de la Luna indica un temperamento normal. Es moralmente sano, afectuoso, fiel y sincero. Si se trata de una mujer, será una excelente madre.

EL PLANO DE MARTE

En el centro de los siete montes descritos hasta ahora se encuentra el plano de Marte, que constituye el hueco de la palma de la mano (figura 2).

Por lo general hueco, indica coraje, tenacidad y resolución. El individuo es capaz de enfrentarse a los distintos acontecimientos de la vida sin despeinarse y sin agitarse más de lo necesario. El hecho de ser excesivamente hueco, hasta el punto de formar casi un cuenco, indica un carácter violento, a veces llevado hasta el punto de la ferocidad. Cuidado con los hombres que presentan una palma de este tipo.

Si los montes están tan cerca que casi ocupan el espacio destinado al plano de Marte, el individuo será desordenado, pusilánime, engañoso y mentiroso.

Si en el plano de Marte se cruzan muchos signos orientados en todas las direcciones, profundamente ahuecados o incluso sólo insinuados, habrá un espíritu de lucha que estará muy desarrollado si algunos de estos signos forman una cruz en algún punto: cuanto mayor sea la cruz, mayor será el espíritu de lucha del individuo.

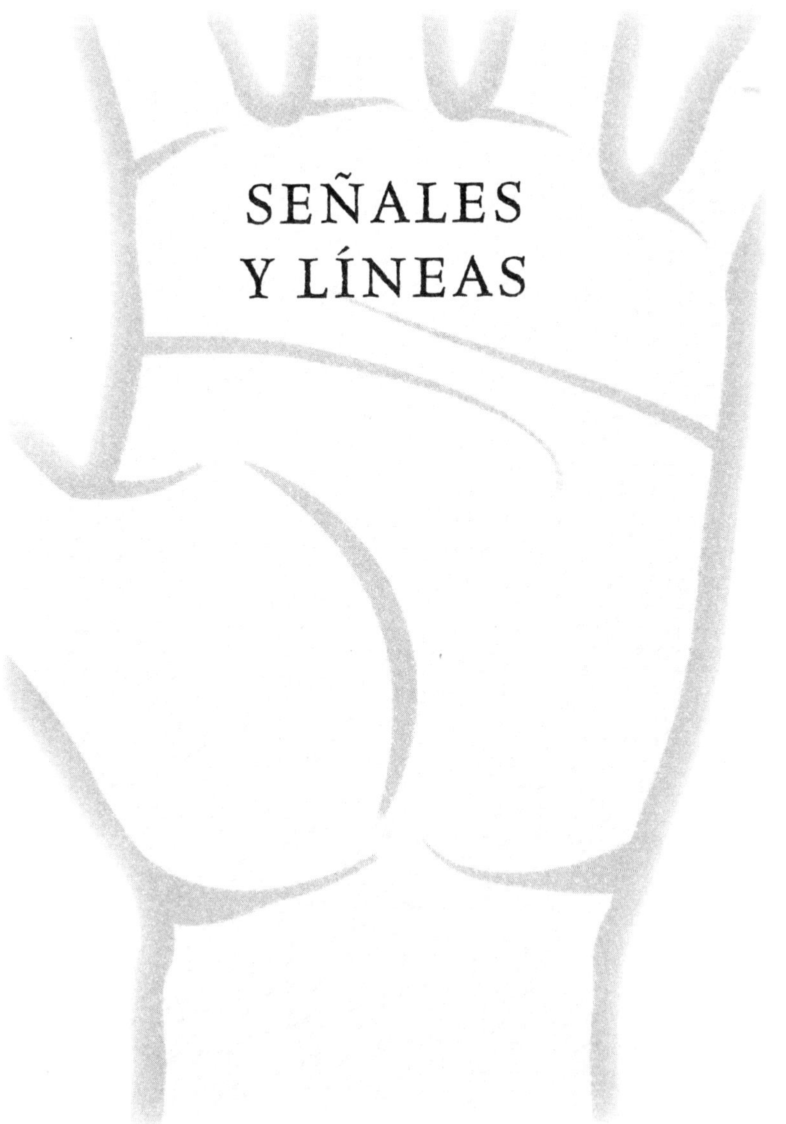

TERCERA PARTE

SEÑALES Y LÍNEAS

Tenemos muchas líneas que recorren la palma de nuestra mano. Algunas de ellas, las más profundas, y también las principales, son las siguientes: la línea de la vida, la línea de la inteligencia y la línea del corazón (*véase* figura 3).

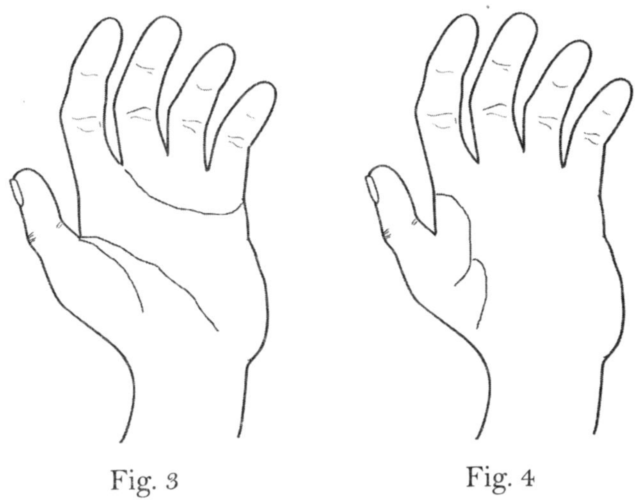

Fig. 3   Fig. 4

Todas las personas tenemos estas tres líneas; pueden estar más o menos marcadas, aunque, sin embargo, siempre están presentes en todas las manos. Normalmente, forman una gran M mayúscula. En ocasiones, la M es casi ilegible, aunque las tres líneas fundamentales siempre están presentes.

Además de estas tres líneas, de las que se ocupa sobre todo la quiromancia, hay muchas otras líneas y pequeñas líneas en todas las direcciones. Entre estas líneas de importancia secundaria, en general, sólo nueve son evidentes, y todas ellas tienen un significado particular. Las demás sirven para «enmarcar» la personalidad del individuo examinado, para confirmar o corregir (pero siempre ligeramente) el juicio que el quiromántico puede haberse formado sobre él.

El color y la profundidad de las líneas también tienen su importancia.

Los hombres deben tener líneas más pronunciadas que las mujeres, porque éstas no suelen tener que actuar, mientras que la personalidad del varón reside en su capacidad de acción. Por lo tanto, en un hombre, tener líneas inciertas, mal trazadas y afiladas constituye un signo de carácter débil.

Las líneas demasiado sonrosadas o demasiado claras suelen indicar depresión nerviosa, falta de voluntad o pereza.

Un individuo sano debe tener unas líneas bien coloreadas, bien trazadas y bien perfiladas.

Las líneas amarillas indican una enfermedad hepática y un temperamento colérico.

Las líneas que tienden al color púrpura indican violencia.

Las líneas torcidas, que parece que no saben qué camino seguir, son un signo de un individuo que no está seguro de sí mismo, que es apático y desganado.

Las líneas excesivamente marcadas, casi talladas en la carne más que en la piel, indican un desorden moral y material.

La palma de la mano, casi torturada por el cruce y la sucesión de líneas y pequeñas líneas, muestra un excesivo nerviosismo y la inestabilidad de carácter del individuo, cuyos nervios están siempre tensos y a punto de estallar.

El individuo tranquilo y conciliador, dispuesto a soportar a sus semejantes aunque le molesten, que nunca se molesta ni se enfada, tendrá unas líneas poco profundas, de un color normal y poco densas.

Los que sólo tienen la M normal, sin ningún signo suplementario, son fríos e ineptos. Sus cerebros y sus corazones están embotados.

LA LÍNEA DE LA VIDA

El mayor bien que poseemos es nuestra existencia, sin la cual todo lo demás (inteligencia, ligereza, riqueza, honor y amor) no tendría razón de ser.

Por eso, en todas las épocas se ha concedido gran importancia a esta línea, que rodea y dibuja el monte de Venus, la diosa del amor y, por tanto, del misterio divino de la generación.

Una vida larga, serena y sana se muestra en la mano con una línea bien marcada, coloreada a la perfección, sin desviaciones y sin interrupciones, como se representa en la figura 3.

Si la línea de la vida es larga, no está rota y no está muy marcada, es un signo de salud frágil.

El colérico, el egoísta y el mal intencionado tendrán la profundidad en varios puntos de su recorrido en la palma.

Ancha, casi en forma de losa y de color pálido, la línea indica mala salud y malignidad.

Por lo general, llega a rodear todo el monte de Venus; y en algunos casos raros desciende hasta la muñeca, un signo de las personas longevas. Si es corta, implica una vida breve.

Si, como en la figura 4, la línea de la vida se inclina bruscamente hacia el monte de Venus y luego prosigue su curso fragmentada, es un signo de muerte prematura.

Fragmentada de la misma manera, pero inclinada, en lugar de hacia el monte de Venus hacia el monte de Marte (figura 5), es un signo de una enfermedad muy grave a una edad temprana, seguida (aunque no siempre) de la muerte.

Si se salpica en varios puntos y luego reanuda su curso, como en la figura 6, indica que la vida del individuo correrá peligro muchas veces, ya sea por accidente o por enfermedad. Por lo tanto, ten cuidado al cruzar la calle si vives en una gran ciudad, y sé precavido al manejar armas. En caso de enfermedad, dependerá de la fuerza del cuerpo para superar la tendencia a la muerte que indica su línea vital.

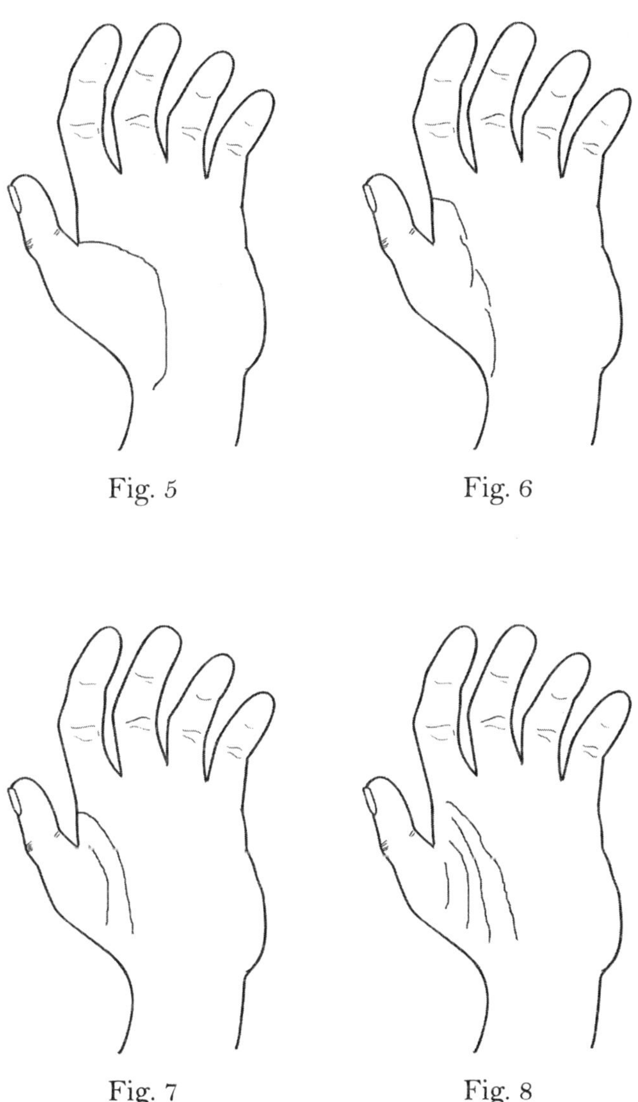

Fig. 5

Fig. 6

Fig. 7

Fig. 8

Si la línea de la vida está rodeada en el interior, hacia el monte de Venus (figura 7), por otra línea más corta pero que sigue a la primera en paralelo, es una indicación de pasiones sensuales muy fuertes y de una larga vida.

Si, con la ubicación anterior, en lugar de una sola línea, hay dos, tres o más, pero siempre claras y definidas, y siguiendo en su recorrido a la línea de la vida, es señal de un carácter exagerado, violento, o, en todo caso, capaz de llegar al crimen, ya que estos signos indican la muerte en el cadalso (*véase* figura 8).

Una línea de la vida rota, pero unida casi por un parche grueso, como en la figura 9, presagia una enfermedad muy grave o, como mínimo, un grave peligro para la vida, que será superado con éxito.

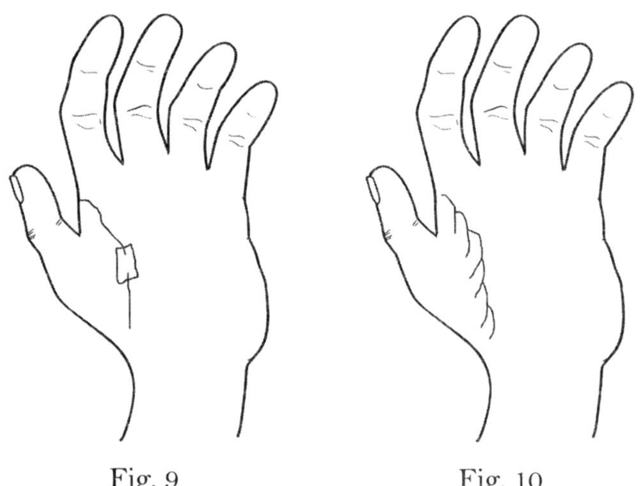

Fig. 9   Fig. 10

Una línea de la vida que se rompe y se recupera sin que sus distintas partes se desprendan unas de otras es signo de una existencia aventurera, que corre el riesgo de extinguirse cien veces (*véase* figura 10).

Mezclada con muchas pequeñas líneas, como en la figura 11, la línea de la vida informa de una salud débil, una naturaleza melancólica y una voluntad débil.

Si desde la línea de la vida parten varias líneas que se dirigen hacia el hueco de la palma de la mano, es un signo de riqueza, que se ha ganado de manera merecida (*véase* figura 12).

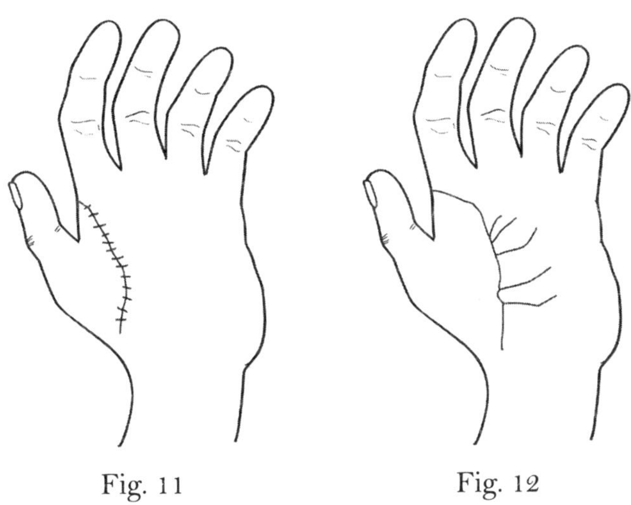

Fig. 11   Fig. 12

Si en su inicio, hacia la mitad de la palma, la línea de la vida es doble (figura 13), se hace patente el vigor, la aptitud física y la salud.

Si, en la mitad de su recorrido, da lugar a unas líneas marcadas que ascienden en línea recta (*véase* figura 14), es señal de una gran herencia y éxito.

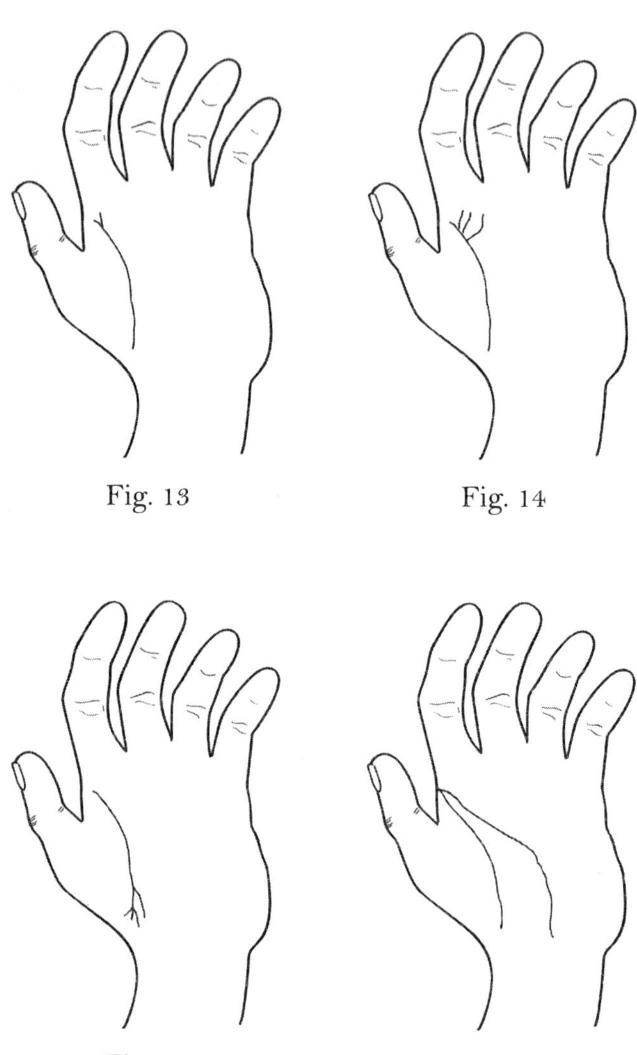

Fig. 13   Fig. 14

Fig. 15   Fig. 16

Si, por el contrario, termina en una línea fragmentada, o con varias líneas que se desprenden del final de la línea y descienden en línea recta hacia la muñeca, indica una existencia atormentada y tortuosa, rica en aspiraciones pero pobre en consecuciones (*véase* figura 15).

Si una línea se desprende de la línea de la vida en la parte superior de ésta, empujando hacia la base del dedo índice, como en la figura 16, es un presagio de un gran éxito debido a la satisfacción de una ambición que no ha conocido desalientos ni pausas, por muchos obstáculos que se hayan presentado en el camino.

Si la línea de la vida parte del mismo punto que la de la inteligencia, indica una inteligencia sólida que tendrá éxito en sus esfuerzos (*véase* figura 16).

Si, en cambio, comienza unida, además de a la de la inteligencia, a la del corazón, es casi siempre un signo de graves enfermedades del corazón y de muerte rápida, casi violenta (*véase* figura 17).

Si la línea de la vida es corta y en su extremo, hacia la muñeca, está flanqueada por dos líneas, indica una muerte súbita (*véase* figura 18).

Una línea de la vida que florece como un árbol, con muchas ramas que parten de un lado y del otro, y suben, rectas, hacia los dedos, indica éxito en los negocios, en la industria, en el amor o en la política (*véase* figura 19).

Pero si las manos a las que se refiere la figura 19, después de haber empujado hacia arriba, se doblan con decisión hacia la muñeca (figura 20), indica que se logrará el éxito, pero de una manera que no es fácil de conseguir.

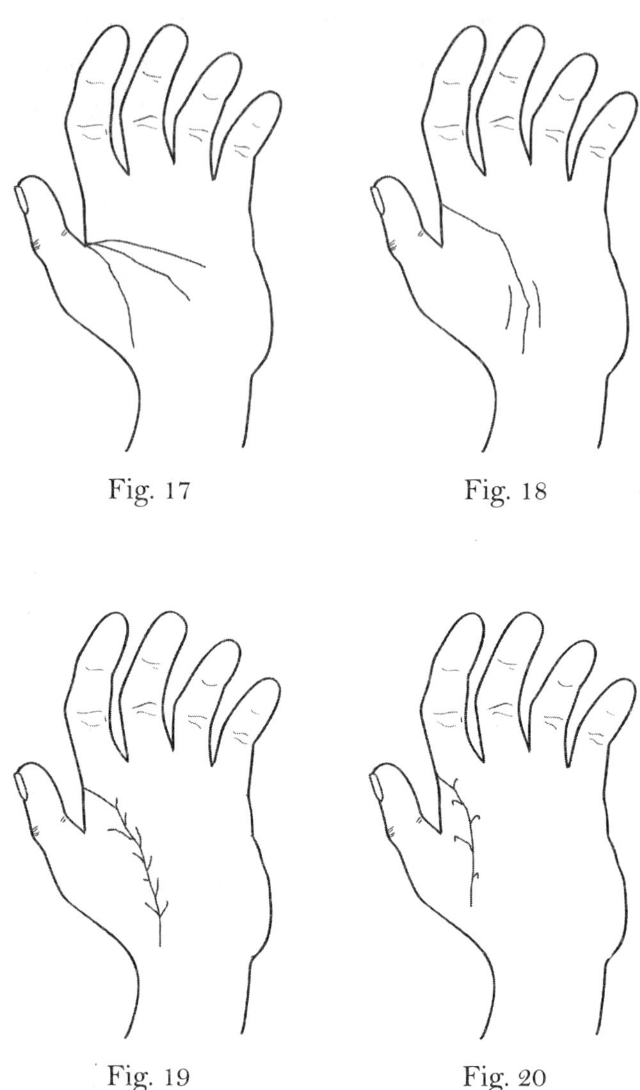

Fig. 17   Fig. 18

Fig. 19   Fig. 20

El individuo perderá el dinero, el amor y la fama con la misma facilidad con que los ha conseguido.

Si las mismas líneas parten como tantas otras ramas de un tronco, pero en dirección a la muñeca, serán señal de una vida atrofiada en todos los sentidos (*véase* figura 21).

Si la línea de la vida es atravesada en horizontal por otras líneas que cruzan la palma de la mano, como en la figura 22, es señal de que el individuo tendrá algún duelo en el que resultará herido, o que participará en alguna guerra en la que lo herirán.

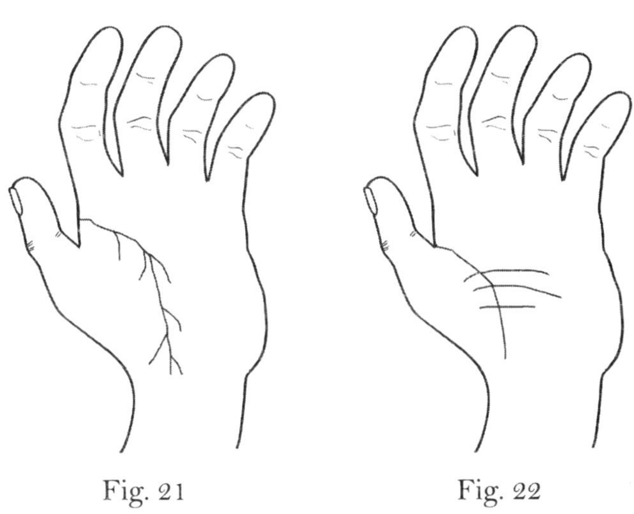

Fig. 21   Fig. 22

Una línea semicircular que se forma con la de la vida, en cualquier punto de ésta, como una especie de bucle, indica una mala salud (*véase* figura 23).

Una cruz que marca la línea de la vida a mitad de su recorrido señala una muerte violenta (*véase* figura 24).

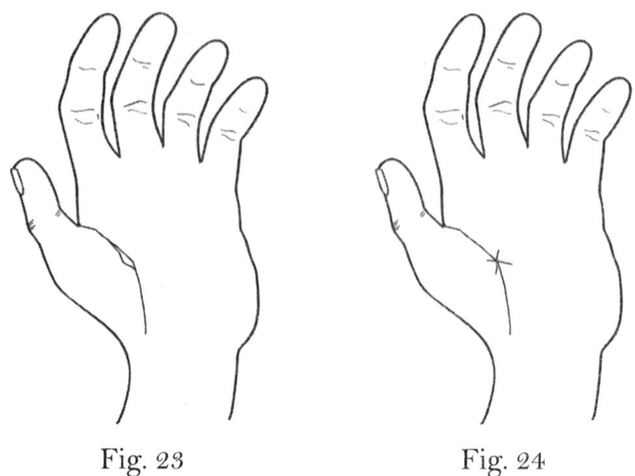

Fig. 23   Fig. 24

Una cruz al principio de la línea de la vida es la prueba de una existencia física y espiritualmente atormentada (*véase* figura 25).

Una cruz en el extremo de la línea de la vida hacia la muñeca (*véase* figura 26) también atestigua una existencia atormentada, con un oasis de comodidad y tranquilidad hacia la vejez.

Si la línea de la vida comienza solitaria, desligada de la de la inteligencia, indica un temperamento voluble, inclinado a las cosas vanas, a las apariencias más que a la sustancia, incapaz de un pensamiento profundo (*véase* figura 27).

Dos líneas paralelas que, partiendo del monte de Venus, atraviesan la línea de la vida, la de la inteligencia y la del corazón, muestran un temperamento apasionado que tendrá un gran amor en su existencia, que probablemente terminará en tragedia (*véase* figura 28).

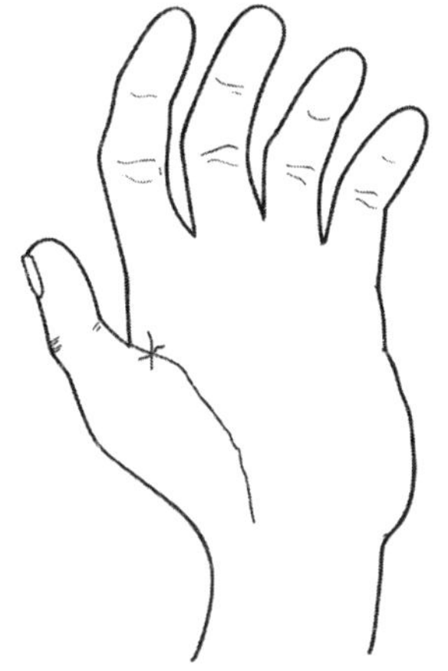

Fig. 25

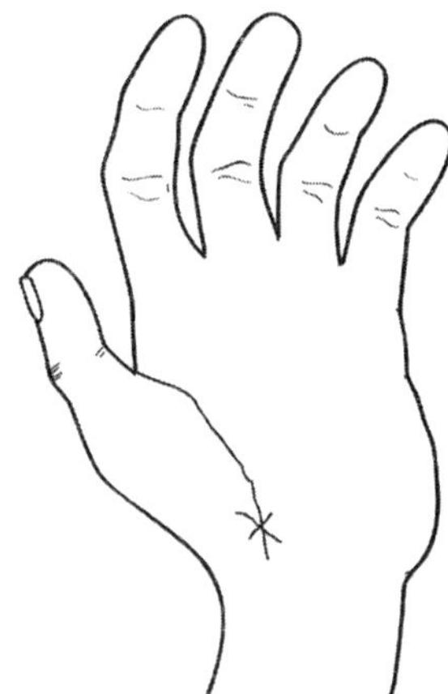

Fig. 26

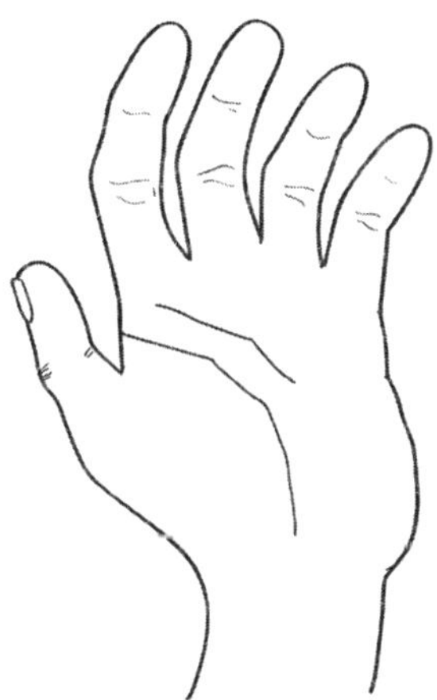

Fig. 27

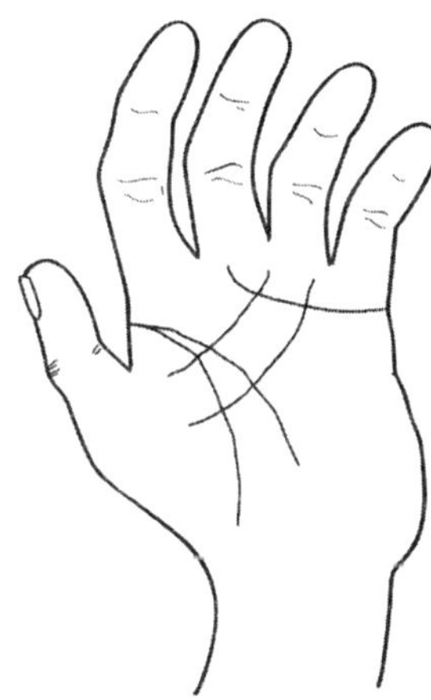

Fig. 28

La línea de la inteligencia

La línea de la inteligencia, que se encuentra entre la línea de la vida y la línea del corazón, nace generalmente unida a la línea de la vida y, luego, parte, cruzando la palma de la mano y apuntando hacia el monte de Marte (*véase* figura 29).

Cuando se distingue bien, y está correctamente trazada, sin líneas que la crucen o desvíen, es un signo de audacia y bondad.

Si, en lugar de terminar, como es normal, en el monte de Marte, la línea de la inteligencia sube y apunta al monte de Mercurio, como en la figura 30, es que la inteligencia del individuo es más práctica que artística.

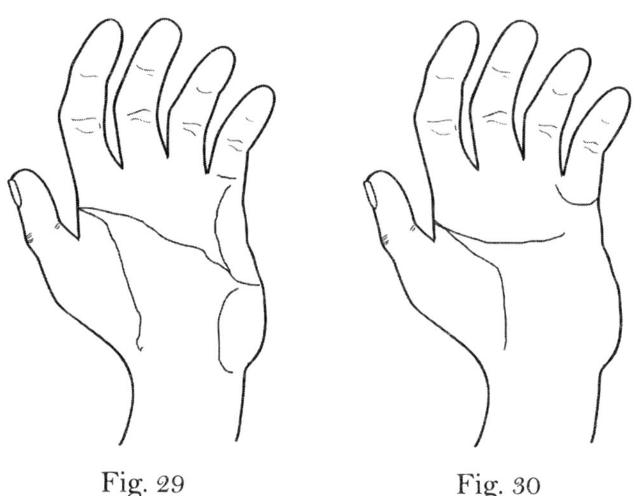

Fig. 29   Fig. 30

Poco éxito en la vida tendrá aquel cuya línea de la inteligencia se eleva tanto que se une con la del corazón en el extremo, como se muestra en la figura 31.

Si, por el contrario, la línea se desvía en sentido contrario a las anteriores y toca el monte de la Luna con un giro casi brusco, como en la figura 32, es una señal de muerte violenta, si otras características más marcadas de otras líneas no contradicen claramente el presagio.

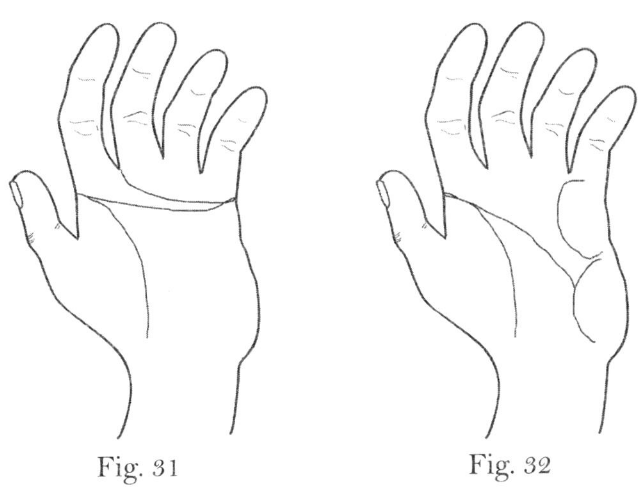

Fig. 31   Fig. 32

Si, en cambio, siempre desciende hacia el monte de la Luna pero con una suave curva, hace patente que el temperamento es soñador y heroico (figura 33).

Si en el extremo la línea de la inteligencia se bifurca, es señal de un temperamento perverso (figura 34).

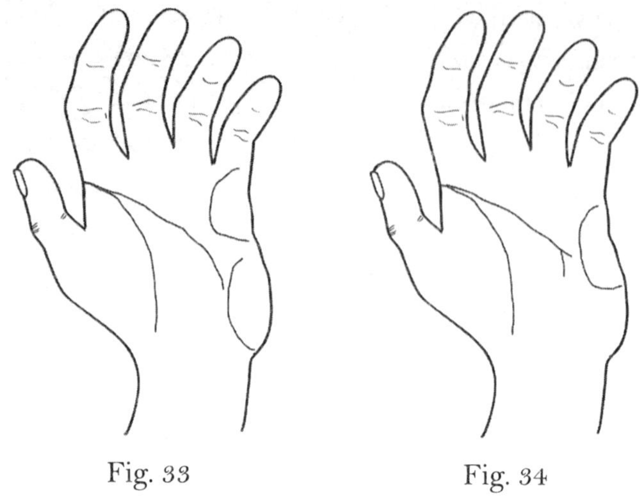

Fig. 33   Fig. 34

Si la línea de la inteligencia se trunca aproximadamente a la altura de los dedos corazón y anular, es un signo de muerte a una edad muy temprana (figura 35).

Si se trunca como en el caso anterior, pero reanuda su curso justo por debajo, la línea de la inteligencia predice, en un duelo, en la guerra o por cualquier accidente, una herida casi siempre mortal (figura 36).

Cuando otra línea acompaña a la de la inteligencia casi a lo largo de todo su recorrido, permaneciendo siempre paralela a ella (y, por tanto, sin cortarla), es señal de éxito en las artes, en los negocios y en las ganancias (*véase* figura 37).

Una línea de la inteligencia que no es nítida y decisiva, sino que se traza casi con una mano temblorosa, es un indicio de egoísmo, avidez de dinero y falta de escrúpulos (*véase* figura 38).

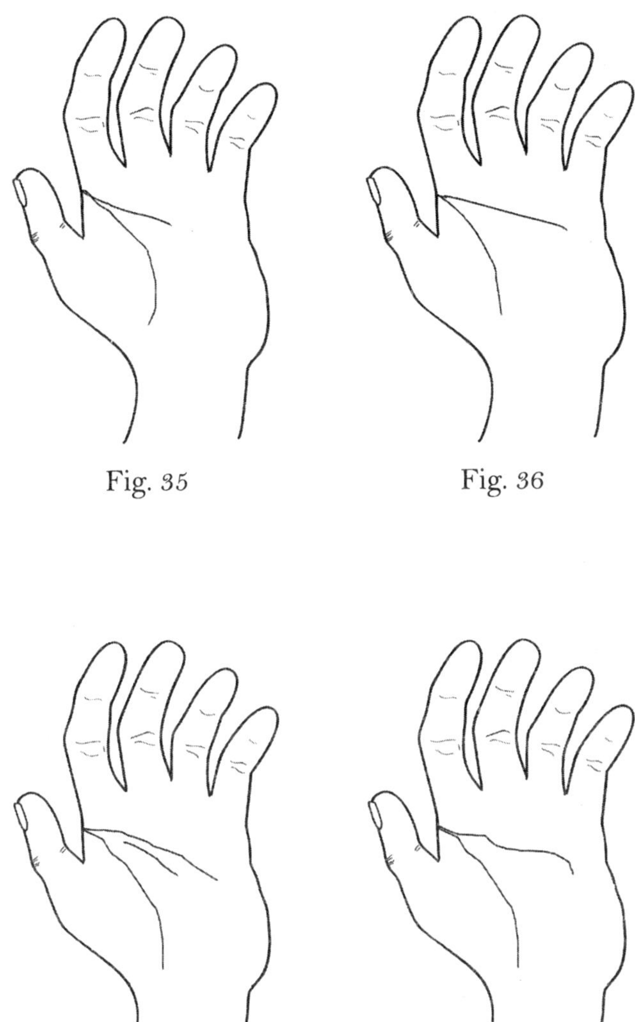

Fig. 35

Fig. 36

Fig. 37

Fig. 38

Cuando la línea de la vida y la de la inteligencia comienzan bien separadas (figura 39) tiene el sentido de ligereza y apego a las cosas mundanas.

Una línea que forma un semicírculo alargado con la de la inteligencia, como una especie de bucle, semejante a la de la figura 40, indica una enfermedad mental grave.

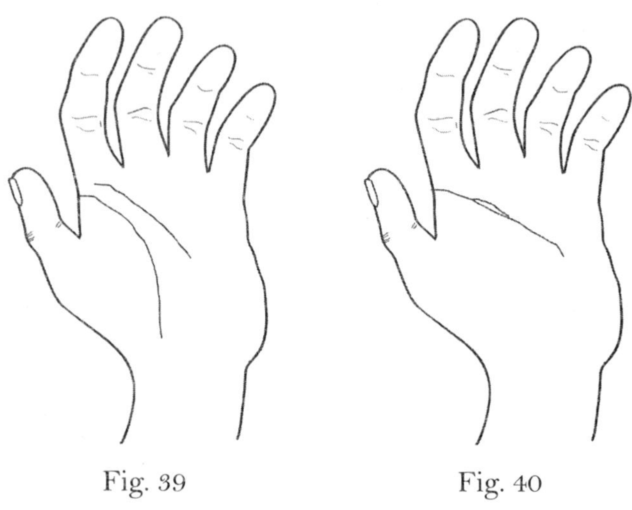

Fig. 39   Fig. 40

Marcada por una cruz en cualquier punto de su recorrido, la línea de la cabeza anuncia heridas en la cabeza, o enfermedades que la afectan de alguna manera: los ojos, una calvicie prematura, migrañas y cefaleas violentas, etcétera (figura 41).

Varias cruces y varias líneas o cuadrados a lo largo de la línea de la cabeza son una indicación saludable de muerte prematura (figura 42).

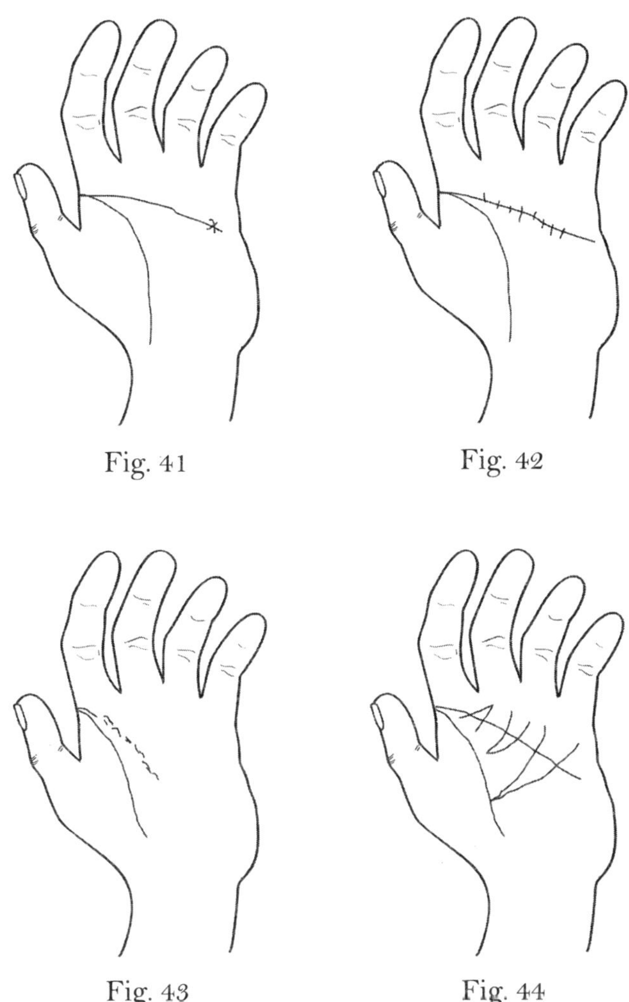

Fig. 41

Fig. 42

Fig. 43

Fig. 44

Una línea de la cabeza formada por muchas rayitas que se enlazan unas con otras como eslabones de una cadena (figura 43) indican irreflexión, inconstancia e impetuosidad de decisiones.

Además de muchos otros signos, los nerviosos, los coléricos y los impetuosos se revelan también por una o varias líneas que unen en forma de V recta o invertida la línea de la cabeza con la de la vida (figura 44).

La línea del corazón

La línea del corazón suele partir de un punto intermedio entre el monte de Júpiter y el monte de Saturno y, pasando por debajo de los otros montes, termina, después de describir el destino de un semicírculo, en el monte de Marte, como se muestra en la figura 45.

Trazada sólo en la primera parte, hacia los dedos índice y corazón, indica sentidos ardientes y fuertes apetitos carnales (figura 46).

Desarrollada sólo en la segunda parte, hacia el monte de Marte, muestra un temperamento romántico, sentimental, tierno y afectuoso, pero más en la superficie que en la profundidad (figura 47).

Si es recta y comienza sólo en la base del monte de Apolo, indica humildad, pensamiento mediocre y un alma insignificante (figura 48).

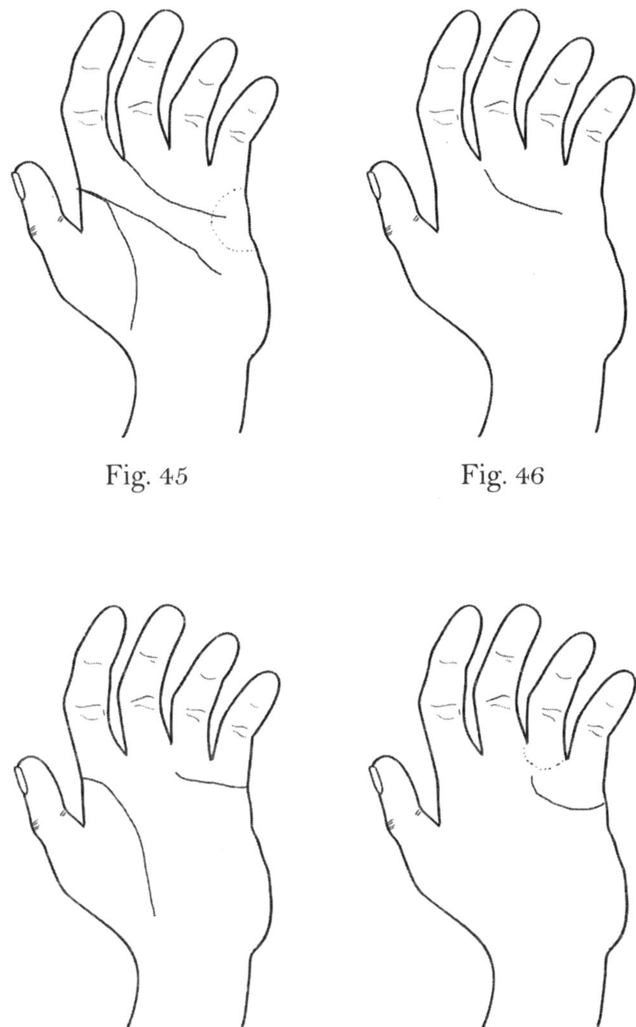

Fig. 45

Fig. 46

Fig. 47

Fig. 48

Si, por el contrario, comienza en la base del monte de Saturno, indica inestabilidad del corazón e infidelidad (figura 49).

Si comienza en su base natural, pero unida a la línea de la Vida, es un indicio de una muerte violenta (figura 50).

También es un indicio de muerte violenta si, como en la figura 51, comienza su curso unida a la línea de la cabeza.

Si comienza, en lugar de entre el índice y el corazón, inmediatamente debajo del índice cortando el monte de Júpiter, como en la figura 52, muestra un temperamento muy apasionado: celoso y enamorado hasta perder el sentido común.

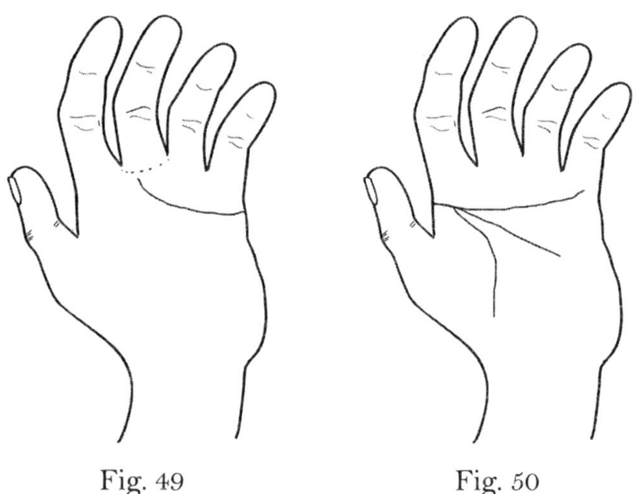

Fig. 49   Fig. 50

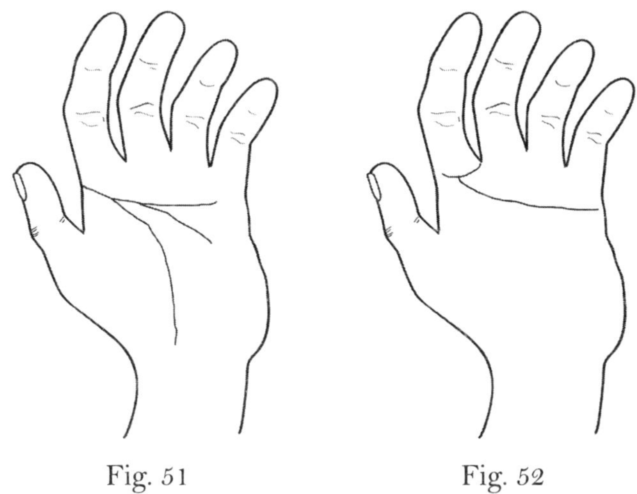

Fig. 51   Fig. 52

Si comienza en el dedo índice y llega incluso más allá del anillo que marca la base de cada dedo, tendremos una naturaleza hipersensible, con unos nervios frágiles y una salud inestable (figura 53).

Si en su inicio, bajo el monte de Júpiter, la línea del corazón se une por una pequeña línea que la cruza la línea de la vida, como en la figura 54, anuncia un matrimonio brillante: de amor, pero en el que el dinero, bienvenido sea, no faltará.

Un bucle en la línea del corazón significa infidelidad (figura 55).

Una línea del corazón constituida por muchos segmentos en lugar de estar dibujada con firmeza, como en la figura 56, es una indicación de amor infeliz.

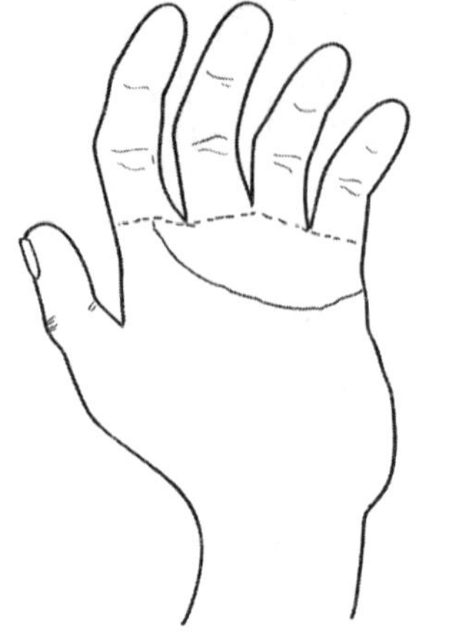

Fig. 53

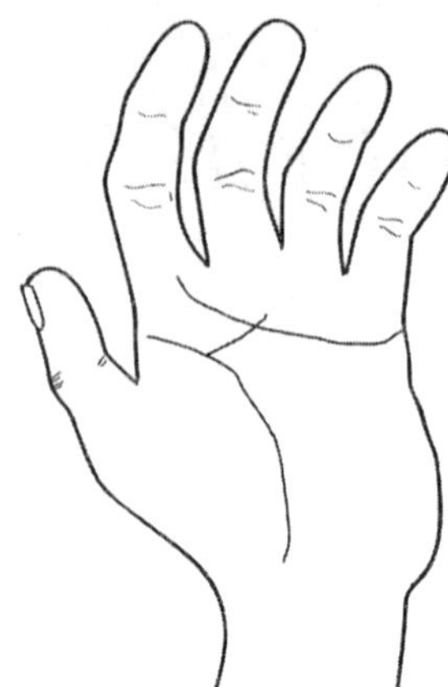

Fig. 54

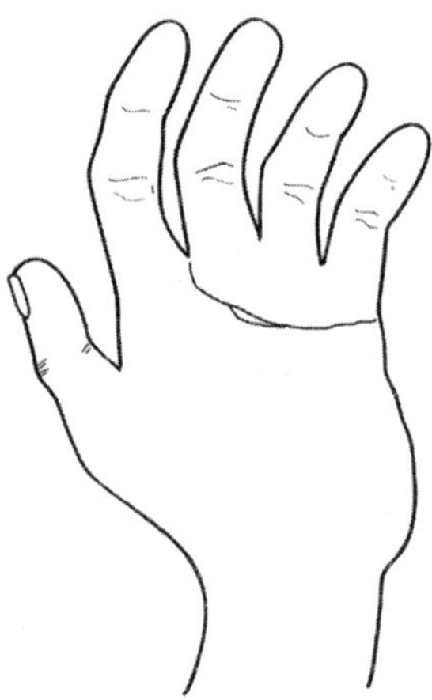

Fig. 55

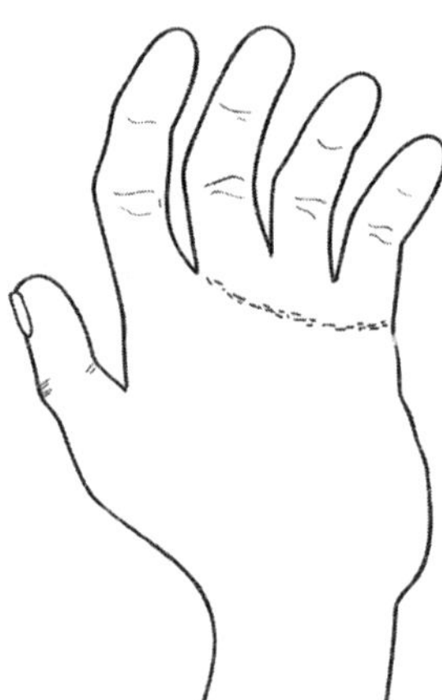

Fig. 56

Una línea del corazón bien trazada, pero seguida en todo su recorrido, a un lado y a otro, por pequeñas líneas, es un signo de un alma inconstante, fácil de enamorarse y desamorarse y, por tanto, infiel (figura 57).

La bondad se muestra en una línea del corazón que comienza a bifurcarse. Esta bondad encontrará su recompensa en la suerte, que acompaña a este signo (figura 58).

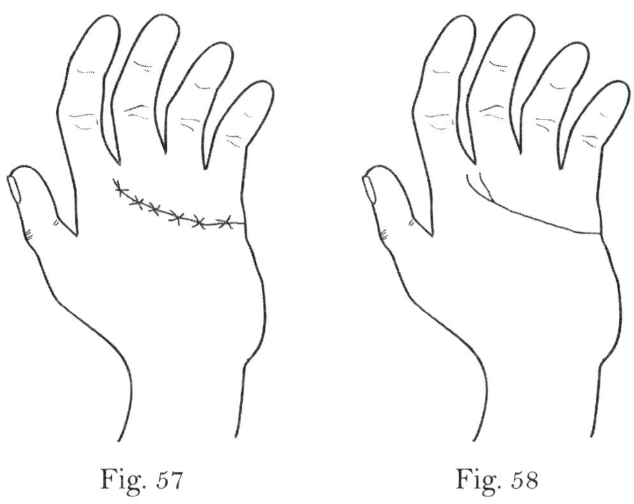

Fig. 57   Fig. 58

Bifurcada al principio y al final, la línea del corazón atestigua un alma afectuosa, solícita y amable, pero de poca salud (figura 59).

El recorrido de la línea del corazón, apenas señalado por unos guiones, es una muestra de un espíritu maligno (figura 60).

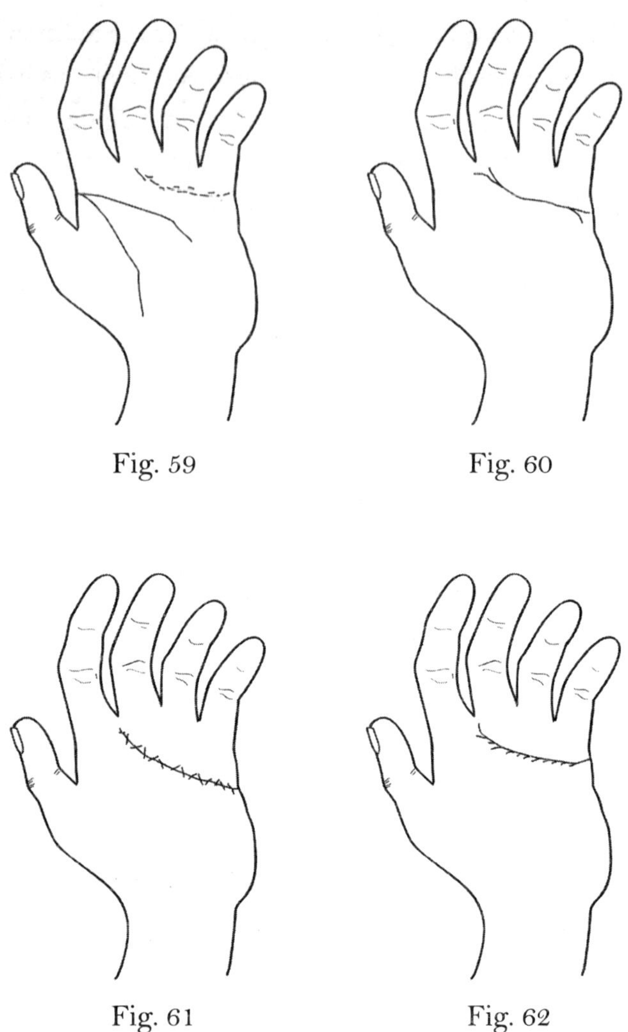

Fig. 59   Fig. 60

Fig. 61   Fig. 62

Cortada por innumerables pequeñas líneas en todos los sentidos, la línea del corazón presagia muchos amores, porque el sujeto será muy apasionado, pero también muchas penas, y es natural que quien quiere tener muchas experiencias sufra también muchos desengaños (figura 61).

El individuo entusiasta y sano que rebosa de vida tiene una línea del corazón marcada por muchas pequeñas líneas debajo de ella (figura 62).

La línea del corazón trazada sólo en la segunda mitad, recta y unida a la línea de la inteligencia, y ésta a la de la vida, y acompañada de algunas pequeñas líneas, indica bondad y generosidad, un alma muy apasionada y no demasiado fiel, comprensión de la belleza y las facultades artísticas (figura 63).

Una línea del corazón fuerte, pero constituida sólo por un corto semicírculo, que rodea a los montes de Saturno y Apolo, indica una tendencia a la escultura, a la arquitectura y a la pintura (figura 64).

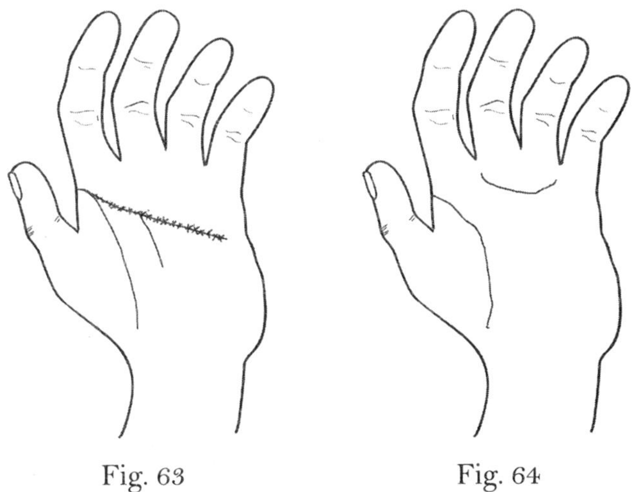

Fig. 63   Fig. 64

Una mujer que, para toda la línea del corazón, tiene un semicírculo que rodea los montes de Apolo y Mercurio, será una excelente madre (figura 65).

Un buen marido y un mejor padre será aquel hombre que tenga un cuadrado en la línea del corazón (figura 66).

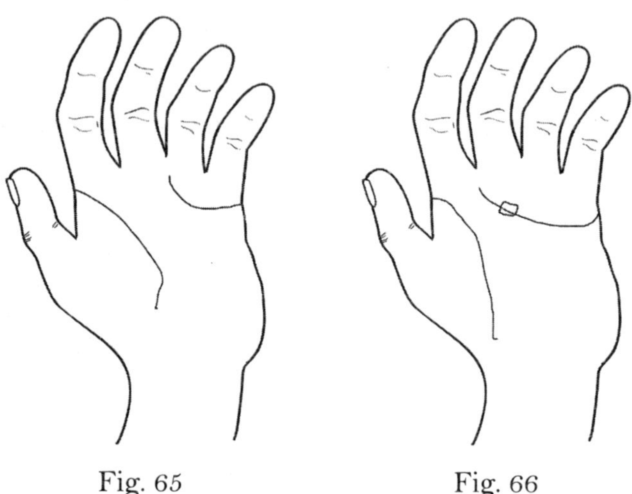

Fig. 65   Fig. 66

LÍNEAS SECUNDARIAS

La Rasqueta

La Rasqueta es el tipo de pulsera que corta limpiamente la palma de la mano en su base, separándola de la muñeca.

A veces, en lugar de una sola línea, pueden verse dos, o incluso tres (figura 67).

Recta, profunda y sin líneas que la rodeen o crucen, indica una vida sana y tranquila.

La persona de voluntad fuerte, la que sabe imponerse a los demás y a los acontecimientos, tendrá una Rasqueta y unas líneas de la Rasqueta muy cruzadas por pequeñas líneas.

Señalada con cruces, la Rasqueta indica que habrá tantas herencias como cruces existan. Observa tu muñeca y deséate suerte.

Si es doble o triple, la Rasqueta indica una larga vida y, en este caso, también puede corregir la línea de la vida si es corta.

La línea de la salud

Por lo general, parte de la Rasqueta apunta hacia el monte de Mercurio (base del dedo meñique), como en la figura 68. Recta y bien trazada, es un indicio de una excelente salud.

La propensión a las enfermedades del estómago y del intestino, así como, en ocasiones, a las nerviosas, se hace patente por una línea de salud quebrada, poco profunda e incierta (figura 69). Unida en su punto de partida a la línea de la vida es un signo de debilidad cardíaca (figura 70).

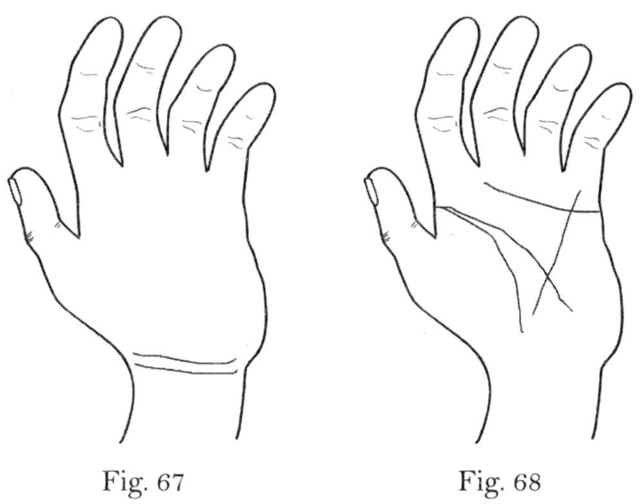

Fig. 67 — Fig. 68

Una intersección de líneas gruesas y poco profundas es un signo de enfermedades graves pero no mortales (figura 71).

Un ojete en la línea de la salud es un signo de un in-
genio vivo (figura 72).

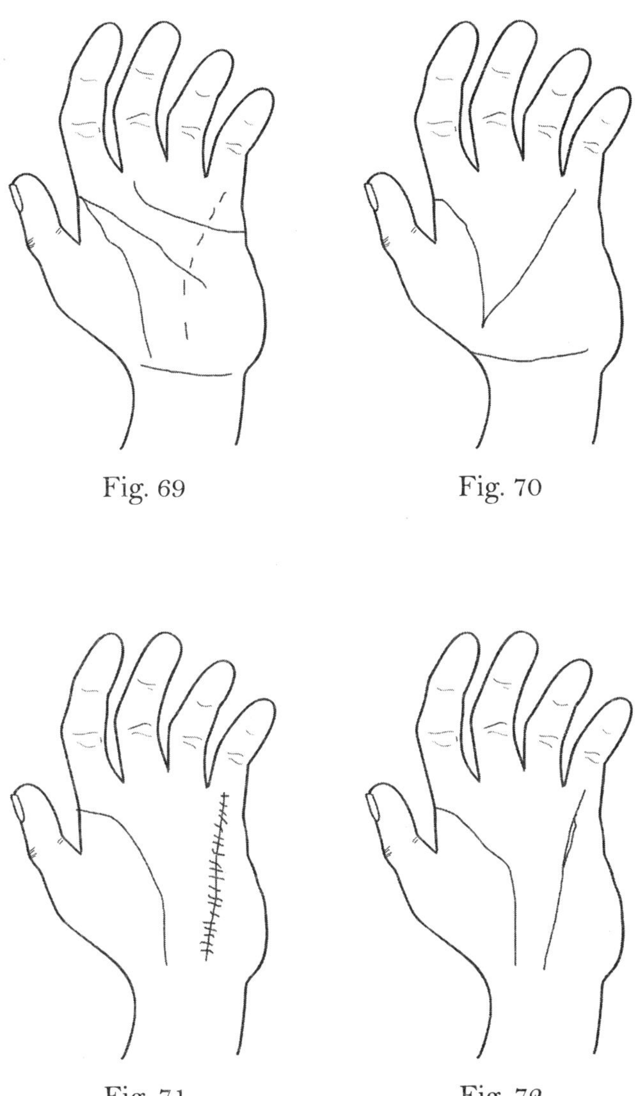

Fig. 69   Fig. 70

Fig. 71   Fig. 72

Si cerca de la línea de la inteligencia se cruza una línea en la línea de la salud que acaba formando un triángulo, es un signo de manía o de capacidades de médium (figura 73).

Si parte del monte de la Luna y concluye bajo el dedo meñique, muestra a un individuo dotado de rapidez, de un habla fácil y brillante pero superficial (figura 74).

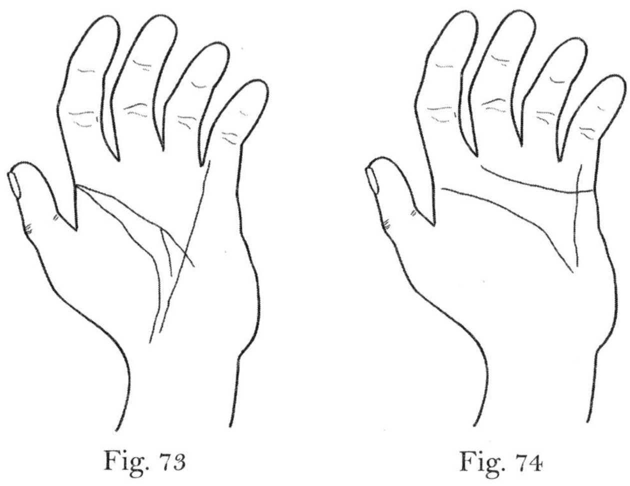

Fig. 73   Fig. 74

La propensión a padecer enfermedades hepáticas se muestra mediante una línea de salud enrevesada e incierta (figura 75).

La línea de la fortuna

Partiendo de la parte inferior de la palma de la mano, hacia la muñeca, la línea de la fortuna asciende hasta el dedo corazón, por lo que también se llama línea de Saturno, porque apunta hacia ese monte.

Cuando parte de la línea llega hasta el monte de Saturno, indica mucha y una gran fortuna; tanto más si a lo largo de su recorrido parten otras líneas pequeñas y cortas que también apuntan hacia los dedos (figura 76).

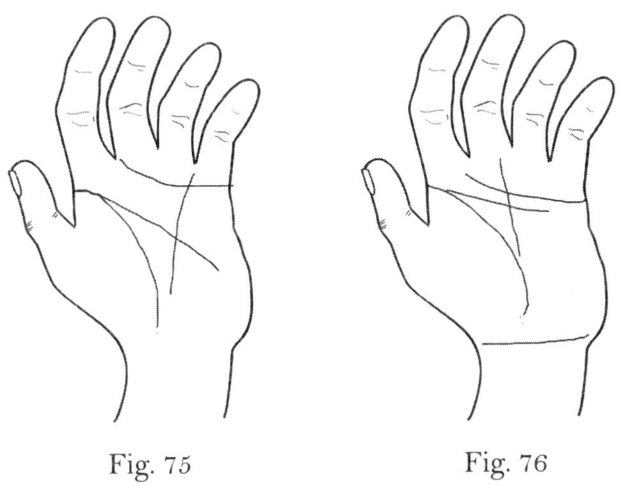

Fig. 75 Fig. 76

Puede comenzar en el centro de la palma, en el plano de Marte, cuando indica serias luchas por la existencia material y la afirmación espiritual (figura 77).

Puede tener su origen en la línea de la vida: y entonces indica una existencia tranquila, un bienestar material mediocre y unas plácidas satisfacciones espirituales (figura 78).

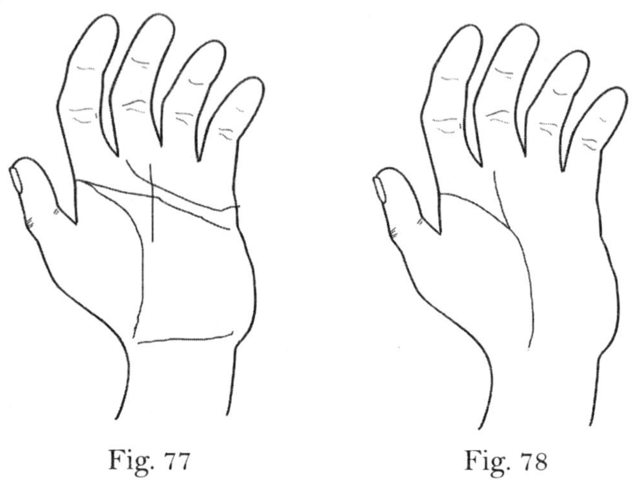

Fig. 77   Fig. 78

Si se inicia en el monte de la Luna, indica fuerza y una suerte notable, que se debe, sin embargo, más a las combinaciones, los matrimonios y los favores que al mérito personal (figura 79).

Si comienza en el monte de la Luna y termina en la línea del corazón, indica un matrimonio feliz y afortunado (figura 80).

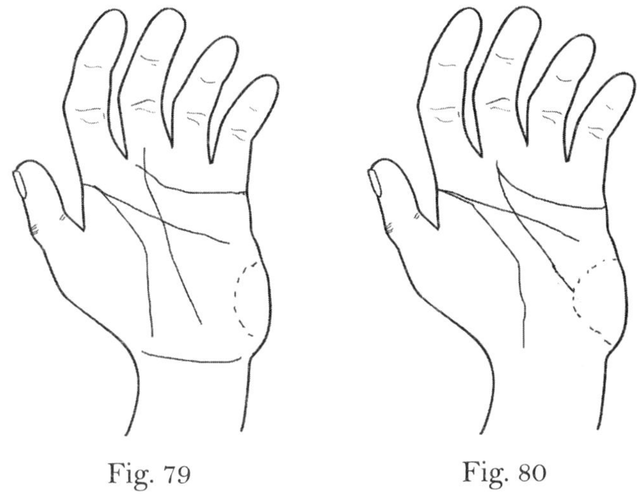

Fig. 79   Fig. 80

Cuando rota a lo largo de su recorrido, indica un destino turbulento, que siempre tendrá un destino adverso (figura 81). Si parte de la Rasqueta y se detiene al encontrarse con la línea del corazón, la línea de la fortuna indica ambiciones que, cuando estén a punto de realizarse, serán aplastadas por un amor (figura 82).

Si la línea de la fortuna, partiendo regularmente de la Rasqueta, sigue una trayectoria oblicua en lugar de recta y apunta hacia otro monte que no es el suyo natural (el monte de Saturno), predice que el individuo tendrá buena suerte en relación con las cualidades que cada monte le atribuye.

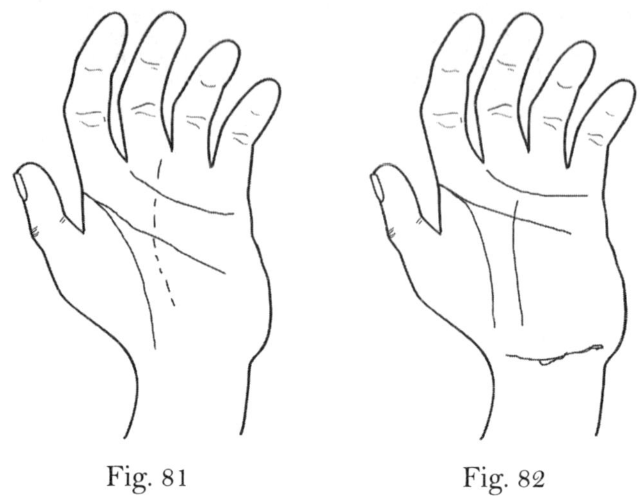

Fig. 81   Fig. 82

La línea del matrimonio

Se encuentra justo debajo del monte de Mercurio (base del dedo meñique), es muy corta y se extiende hasta el dorso de la mano.

Sin embargo, no todo el mundo posee esta línea, aunque vaya a casarse: de ahí la incertidumbre sobre su valor.

Cuando está claramente señalada como en la figura 83, bien coloreada, es señal de un matrimonio seguro y feliz. Si se dirige bruscamente hacia la muñeca, indica la muerte del otro cónyuge; si se corta con una línea que desciende desde el dedo meñique formando una cruz, es señal de obstáculos muy serios para el matrimonio deseado. Si hay dos líneas de matrimonio, no quiere decir que existan dos matrimonios, sino adulterio.

Las líneas de los hijos

Son líneas que descienden rectas desde el dedo meñique y se detienen, sin cruzarlo, en la línea del matrimonio. Si hay muchas líneas, se tendrá muchos hijos. A veces estas líneas están tan poco marcadas que es necesario observarlas con una lupa (figura 84). Cuando están más marcadas, quieren decir que se tendrá hijos varones; en cambio, si son más tenues, se tendrá hijas.

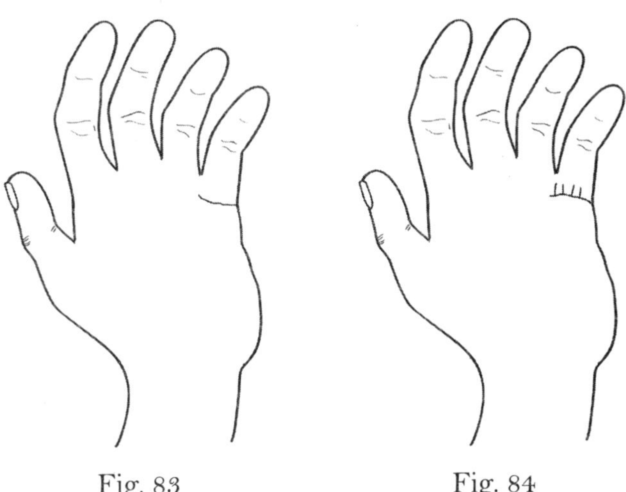

Fig. 83   Fig. 84

Muchos quirománticos se interesan también por otras líneas, como el anillo de Venus, situado entre la base de los dedos índice y anular, o la línea de la intuición, que rodea los dos montes de Marte y la Luna, o el anillo de Salomón, que rodea el monte de Júpiter, o las llamadas «líneas de viaje».

Preferimos pasar por alto estos signos, y a nuestros lectores no les importará, ya que, como hemos afirmado, son muy raros y, además, quizás por ello, las versiones acerca del significado de estas líneas son muchas, y todas ellas discordantes entre sí, de manera que es imposible saber qué versión se acerca más a la realidad. Basta un ejemplo: el anillo de Venus es considerado por algunos como un símbolo de lujuria desenfrenada, mientras que, para otros, indica un espíritu altamente contemplativo, delicado y suave.

Atengámonos, pues, al estudio de aquellas líneas de cuyo significado estamos seguros, sin posibilidad de duda, ya que su valor ha sido probado a través de siglos de estudio de la mano.

ALGUNAS NOTAS SOBRE LOS DIFERENTES SIGNOS

Además de las líneas, de las cuales las tres principales (vida, inteligencia y corazón) se encuentran más o menos marcadas, o siguiendo un curso más o menos regular en todas las manos sin distinción, y de las secundarias que casi todas ellas tienen (línea de la salud, línea de la fortuna), en las manos podemos tener, tanto en la palma como a lo largo de los dedos, varios pequeños signos, en su mayoría de forma geométrica, que pueden tener un significado propio o pueden modificar el de las líneas, según su profundidad y el lugar en el que estén situados. Veámoslos.

LOS CUADRADOS

Ya hemos visto algunos de ellos en las figuras anteriores. Se trata de pequeñas líneas que, al unirse, forman un pequeño cuadrado, pero también pueden constituir un rectángulo o un rombo. Por lo general, tienen cuatro lados.

Dependiendo de la línea o del monte en que se encuentren, rectifican o mejoran el significado de dicha línea o del monte. En una palabra, se trata de amuletos de la buena suerte.

Si la línea de la vida se interrumpe, pero está señalada por un cuadrado, se evita el presagio de la muerte; así, la vida será normalmente larga si hay un cuadrado en su línea, aunque la propia línea, al ser demasiado corta, indicaría una muerte prematura.

En la línea de la inteligencia proporciona claridad de ideas y salva de enfermedades mentales y nerviosas.

En la línea de la fortuna, indica que aunque se pase por un período difícil e incómodo, se superará.

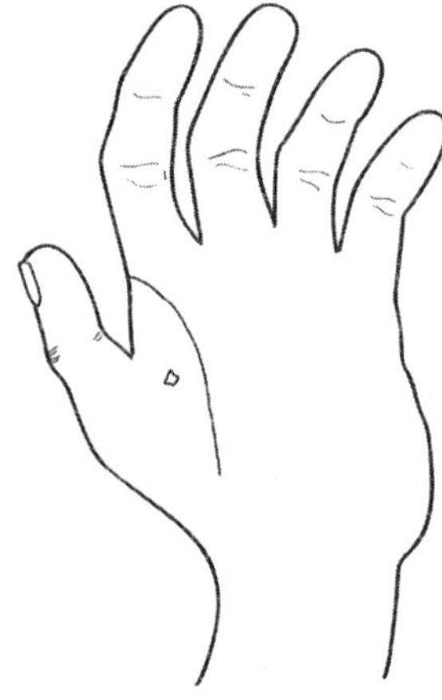

Fig. 85

En la línea de la salud, evita enfermedades mortales. Si se sitúa en el monte de Venus, protege de los excesos sensuales; en el monte de Júpiter, protegerá de la presunción, un defecto odioso; en el monte de Saturno, indica acontecimientos felices; en el monte de Apolo, refuerza las características intelectuales; en el monte de Mercurio, proporciona confianza sobre el desarrollo de los negocios; en el monte de Marte, es un buen augurio para el guerrero; en el monte de la Luna confiere reflexividad; y en el plano de Marte, es un signo de fuerza.

En la figura 85 se muestra el ejemplo de un cuadrado en forma de rombo, ubicado en el monte de Venus.

LOS CÍRCULOS

En cualquier punto de la palma de la mano se puede encontrar un signo (muy raro) en forma de círculo.

Si se halla un círculo en alguno de los montes, el presagio es feliz y, si las cualidades que indican los montes son buenas, éstas se refuerzan. Por el contrario, si son malas, se atenúan.

Si un círculo se encuentra en cualquier línea, el presagio es triste.

LAS ESTRELLAS

Las estrellas, constituidas por un mínimo de cinco puntos (si son de cuatro, serían cruces) y un máximo indefinido, tienen diferentes significados según el monte o la línea en la que se encuentren.

En el monte de Apolo, una estrella indica riqueza y honores, pero infelicidad interior, incapacidad congénita para disfrutar de los bienes adquiridos. Situada en el monte de Mercurio, hace patente el éxito en los negocios.

En el monte de Venus, la estrella significa suerte en el amor; en el monte de Marte, suerte en las armas; y en el monte de la Luna, éxito artístico. En el monte de Saturno, el presagio de la fatalidad; y en el monte de Júpiter y la familia, la suerte personal.

LAS CRUCES

Las cruces, excepto la del monte de Júpiter (base del dedo índice), en cuyo caso indicaría suerte familiar, siempre son un mal presagio.

En el monte de Saturno, la cruz tiene un significado mortal. En el monte de Apolo, la maldad y la envidia altruista obstaculizarán el camino del poseedor de dicho signo. En el monte de Mercurio, si el signo se encuentra en la mano de una mujer, indica infidelidad; en cambio, si está en la mano de un hombre, significa que existe una tendencia al engaño. Si se halla en el monte de Marte, indica un carácter pendenciero; y en el monte de la Luna, hace patente un temperamento excitable y sugestionable. Si está sobre el monte de Venus tiene el sentido de una grave decepción amorosa.

Una cruz ubicada en la línea de la vida es un signo de enfermedad mortal, corregida por un cuadrado u otros signos claros que no dejan lugar a dudas.

Los triángulos

Los triángulos son siempre una buena señal. Un triángulo en el monte de Venus significa éxito en el amor. Si se encuentra en el monte de Júpiter, indica la facultad de adaptación. Si está en el monte de Saturno, muestra las aspiraciones religiosas. Si está en el monte de Apolo, hace patente la fortuna en las artes. Si se halla en el monte de Mercurio, indica la fortuna en la industria y el comercio, mientras que si está en el monte de Mercurio, señala la fortuna en las artes.

Si se halla en el monte de Mercurio, indica suerte en la industria y el comercio. Si está en el monte de Marte, muestra la victoria sobre los enemigos, y si se encuentra en el monte de la Luna, indica fantasías nuevas y variadas.

En la figura 86, se puede observar el ejemplo de un triángulo en el monte de Marte.

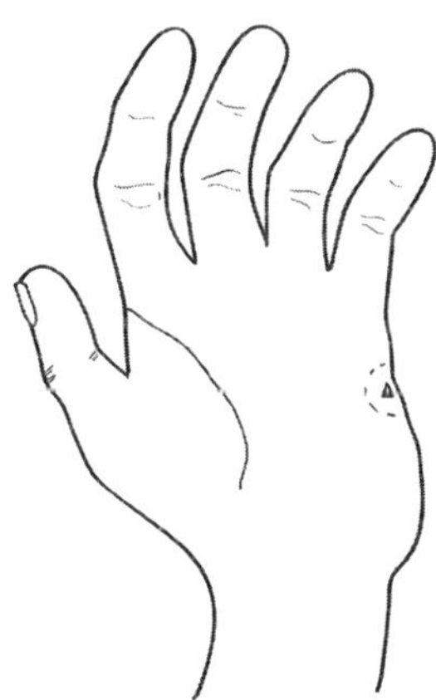

Fig. 86

LOS REMIENDOS

Se trata de líneas muy gruesas que se cruzan en las dos direcciones formando una especie de zurcido, como se muestra en nuestra figura 87.

En el monte de Venus, como se hace patente en la figura, el remiendo indica lujuria; en cambio, en el monte de Marte, implica una muerte violenta.

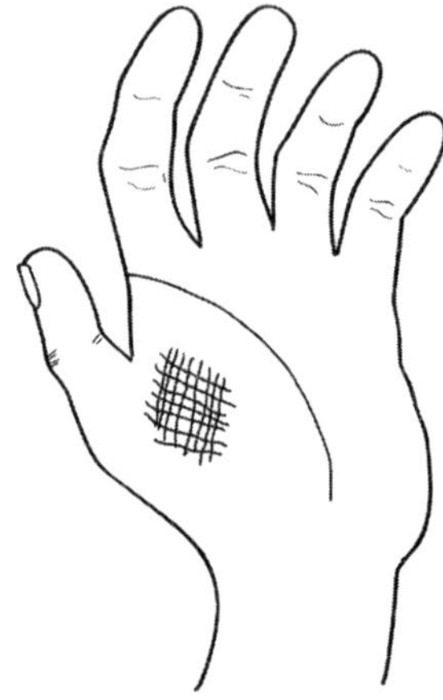

Fig. 87

ALGUNAS OBSERVACIONES

Como se ha visto con el estudio de las líneas, de los montículos y de todos los demás signos que graban en la palma de nuestra mano tanto nuestro carácter como nuestra personalidad, son muchos los signos que se pueden encontrar en una misma mano y que estarían en contradicción unos con otros.

Pero ¿es posible que un individuo siempre sea bueno y sólo bueno? ¿No es posible que exista un temperamento audaz que, bajo ciertas circunstancias, se vuelva manso?

Cada día, tanto en el carácter de los que nos rodean como en nosotros mismos, encontramos elementos diferentes y contradictorios. ¿Cuántas veces has hecho cosas que estaban, o debían estar, muy alejadas de tu carácter, y luego te has preguntado: «¿Es posible que yo, precisamente, haya hecho eso?».

Es muy posible. Ninguno de nosotros, a menos que seamos por completo primitivos, tiene un carácter lineal e inflexible, que siempre permanezca igual.

Las líneas de las manos revelan estas discordancias.

Al entendido le corresponde discernir cuáles son los signos más certeros, los más profundos, los que corresponden al carácter fundamental del individuo, que es lo que importa.

Los otros signos, que llamaremos accidentales, sólo sirven para dar toques de color a un cuadro que ya es suficientemente expresivo por sí mismo.

Índice

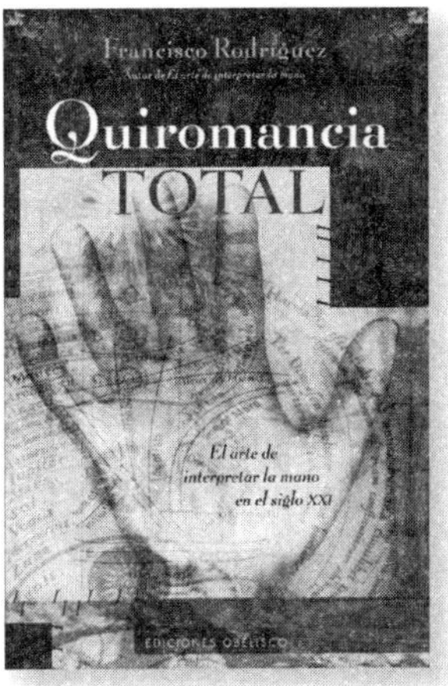

Francisco Rodríguez, un conocido quiromántico mexicano afincado en España, nos ofrece por fin con *Quiromancia total* un libro práctico que abarca la totalidad del antiguo arte de escrutar en ese espejo holográfico que es la mano. En este trabajo, fruto de miles de lecturas de manos, el autor no sólo nos ofrece los símbolos básicos para poder interpretar una mano, también nos brinda una concepción moderna de la quiromancia.

En las manos está representada la totalidad del ser al que pertenecen, su propia historia. Tus manos son el espejo de tu alma.

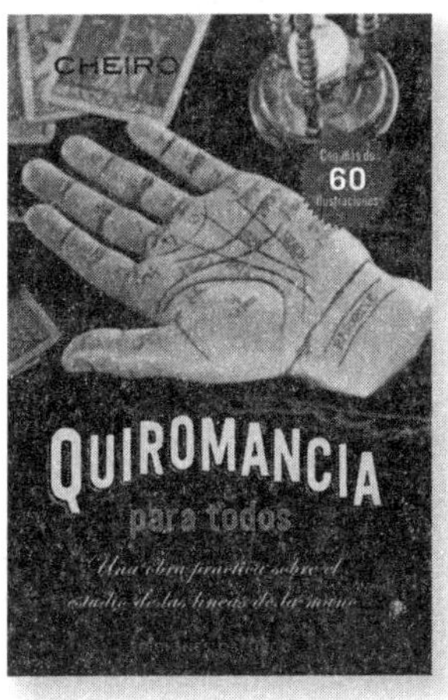

Es sabido que cualquier cara puede ser una mera máscara, que hay personas que son magníficas actuando y pueden engañar incluso a los mejores psicólogos. En cambio, es difícil enmascarar las manos con un simple esfuerzo, pues el carácter que expresan es la verdadera naturaleza del individuo, un carácter que se ha formado a través de la herencia adquirida o se ha desarrollado con la persona a lo largo de los años.

El presente trabajo de Cheiro, sin duda el quiromántico más conocido del siglo pasado, contiene una información nunca antes publicada. Tras su lectura, una simple mirada a las líneas de la mano de una persona puede ayudarnos a comprender las principales características de su personalidad y su idiosincrasia.